WORDBOX

ワードボックス英単語・熟語【アドバンスト】第2版

Advanced 2nd Edition

学習ノートA
[STAGE 1・2]

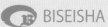

BISEISHA

本書の使い方

　本書は『ワードボックス英単語・熟語【アドバンスト】第2版』に収録されている英単語・熟語を「書いて覚える」ための学習ノートです。学習ノートは『学習ノート　A［STAGE 1・2］』と『学習ノート　B［STAGE 3・4］』の2冊で構成され，『学習ノート A』が単語集の前半(STAGE 1・2)に対応し，『学習ノート B』が後半(STAGE 3・4)に対応しています。

　英単語はただ眺めているだけではなかなか頭に入らないものです。実際に手を動かして「書く」ことで，記憶はより確かなものになるのです。この学習ノートを使って，単語集で学んだ英単語・熟語を確実に自分のものにしてください。

　本書の基本構成は以下のようになっています。

表ページ ▶▶▶ 記憶の定着

　まず，見出し語の意味を書き，続けて英単語・熟語を書きこみます。繰り返し書くことで記憶を定着させましょう。

裏ページ ▶▶▶ 記憶の確認

　日本語を見て，太字に対応する英単語・熟語を書きこみます。表ページで練習した英単語・熟語がしっかり頭に入っているか確認しましょう。

■ 音声を活用しよう

　右にある QR コードをスマートフォンやタブレットで読み取れば，単語集の音声を活用することができます。以下のような使い方ができるでしょう。

表ページ：

　英単語・熟語の音声を聞き，そのまねをして自分の口で言いながら書きこみをしてみましょう。目，耳，口，手を使うことで，記憶はより強固なものになります。

裏ページ：

　例文の音声を聞きながら空所を埋める，つまりディクテーションの練習をすることができます。左にある日本語を折って隠すと，よりリスニング力を鍛えることができるでしょう。その後，日本語を見て書き取った英文の意味を正しく理解できたか確認しましょう。

※ QR コードは株式会社デンソーウェーブの登録商標です。

学習日 ＿＿＿月＿＿＿日

同じジャンルで覚える① 料理・食事に関する語(1) 📖 P.18

	見出し語	意味	書きこみ①	書きこみ②	書きこみ③
1	**diet** [dá(ɪ)ət] ダイエット				
2	**ingredient** [ɪŋgríːdiənt] イングリーディエント				
3	**prepare** [prɪpéər] プリペアー				
4	**boil** [bɔɪl] ボイル				
5	**roast** [roust] ロウスト				
6	**fry** [fraɪ] フライ				
7	**taste** [teɪst] テイスト				
8	**smell** [smel] スメル				
9	**chew** [tʃuː] チュー				
10	**swallow** [swɑ́(ː)lou] スワロゥ				
11	**serve** [sə́ːrv] サーブ				
12	**feed** [fiːd] フィード				

同じジャンルで覚える② 買い物に関する語(1) 📖 P.20

	見出し語	意味	書きこみ①	書きこみ②	書きこみ③
13	**cash** [kæʃ] キャッシュ				
14	**discount** [dískaʊnt] ディスカゥント				
15	**bargain** [bɑ́ːrgɪn] バーギン				
16	**reasonable** [ríːz(ə)nəb(ə)l] リーズナブル				
17	**spend** [spend] スペンド				

同じジャンルで覚える③ 家事に関する語

	見出し語	意味	書きこみ①	書きこみ②	書きこみ③
18	**sweep** [swiːp] スウィープ				
19	**wipe** [waɪp] ワイプ				
20	**clothes** [klouz] クロゥズ				
21	**hang** [hæŋ] ハング				
22	**housework** [háuswə̀ːrk] ハゥスワーク				
23	**laundry** [lɔ́ːndri] ローンドリィ				

1	今日多くの人は健康的な**食事**をしていない。	Many people today do not have **a healthy** _____.
2	パンケーキを作るためにはどんな**材料**が必要ですか。	What _____ do I need **to make** pancakes?
3	両親はキッチンで**夕食の準備をしている。**	My parents are _____ **dinner** in the kitchen.
4	あなたは普通どのくらいの時間**卵をゆで**ますか。	How long do you usually _____ **eggs**?
5	オーブンで30分ジャガイモ**を焼いてください。**	_____ **the potatoes** in the oven for 30 minutes.
6	夫が夕食に**牛肉をいためて**くれた。	My husband _____ **some beef** for dinner.
7	このキャロットケーキは全く**ニンジンの味がし**ない。	This carrot cake doesn't _____ **of carrots** at all.
8	このシャンプーは**バラのにおいがする。**	This shampoo _____ **of roses**.
9	あなたはいつでも食べ物をよく**かむ**べきです。	You should always _____ **your food well**.
10	私にとって**薬を飲み込む**ことは難しい。	It is difficult for me to _____ **medicine**.
11	そのレストランではおいしい**インド料理を出す。**	They _____ good **Indian food** in that restaurant.
12	あなたはどれくらいの頻度で**赤ちゃんに食事を与え**ますか。	How often do you _____ **your baby**?
13	**現金**またはカードのどちらで**お支払い**されますか。	Would you like to **pay by** _____ or by card?
14	学生**割引**を提供する店もある。	Some stores **give a** _____ for students.
15	私のジャケットは本当に**お買い得品**だった。半額だったのだ。	My jacket was **a real** _____. It was half-price.
16	冬用のコートに**しては**，5千円はとても**手頃だ。**	5,000 yen **is** very _____ **for** a winter coat.
17	海外旅行をする際，私たちはたいてい食べ物に多くの**お金を費やす。**	We usually _____ a lot of **money** _____ **food** when we travel abroad.
	姉は**読書に多くの時間を費やす。**	My sister _____ lots of **time** _____ _____.
18	グラスを割ってしまったので，私はキッチンの床を掃いた。	I _____ **the** kitchen **floor** because I broke a glass.
19	夕食後に**テーブルをふいて**ください。	Please _____ **the table** after dinnier.
20	私は新しい**冬服**を買いたい。	I want to buy some new **winter** _____.
21	外に**洗濯物を干して**ください。	Please _____ **the washing** outside.
22	私は男性はもっと**家事**をするべきだと思う。	I think men should **do** more _____.
23	雨が降るので，私は今日**洗濯をする**ことができない。	I can't **do the** _____ today because it's going to rain.

同じジャンルで覚える④　冠婚葬祭に関する語　　　📖 P.22

	見出し語	意味	書きこみ①	書きこみ②	書きこみ③
24	celebrate [séləbrèit] セレブレイト				
25	ceremony [sérəmòuni] セレモウニィ				
26	marriage [mǽrɪdʒ] マリッジ				
27	anniversary [æ̀nɪvə́ːrs(ə)ri] アニヴァーサリィ				
28	funeral [fjúːn(ə)r(ə)l] フューネラル				

同じジャンルで覚える⑤　家・建物に関する語

	見出し語	意味	書きこみ①	書きこみ②	書きこみ③
29	story [stɔ́ːri] ストーリィ				
30	brick [brɪk] ブリック				
31	ceiling [síːlɪŋ] スィーリング				
32	yard [jɑːrd] ヤード				
33	stairs [steərz] ステアーズ				
34	upstairs [ʌ̀pstéərz] アプステアーズ				

コロケーションで覚える①　　　📖 P.24

	見出し語	意味	書きこみ①	書きこみ②	書きこみ③
35	obey [oubéɪ] オウベイ				
36	rule [ruːl] ルール				
37	notice [nóutəs] ノウティス				
38	noise [nɔɪz] ノイズ				
39	split [splɪt] スプリット				
40	bill [bɪl] ビル				
41	precious [préʃəs] プレシャス				
42	memory [mém(ə)ri] メモリィ				

同じジャンルで覚える⑥　事件・出来事を表す語

	見出し語	意味	書きこみ①	書きこみ②	書きこみ③
43	case [keɪs] ケィス				
44	event [ɪvént] イヴェント				
45	accident [ǽksɪd(ə)nt] アクスィデント				

24	私たちの家族は先週の土曜日姉の誕**生日を祝った**。	Our family _____ **my sister's birthday** last Saturday.
25	ヨーロッパの**結婚式**は，よく教会で行われる。	**Wedding** _____ in Europe are often held in churches.
26	その女優は**最初の結婚生活**からの2人の子どもがいる。	The actress has two children from **her first** _____.
27	今日は祖父母の結婚50周年**記念日**だ。	Today is my grandparents' 50th **wedding** _____.
28	私は昨日祖父の**葬式**に行った。	I **went to the** _____ for my grandfather yesterday.
29	私のアパートの建物は**4階建てで**，エレベーターがない。	My apartment building **has four** _____, and has no elevator.
30	東京駅は**れんが**でできている。約100年前に建てられたのだ。	Tokyo station **is made of** _____. It was built about a hundred years ago.
31	この部屋は**天井**が高い。	This room has **a high** _____.
32	この通りのすべての家には**庭**がある。	All **the houses** on this street **have** _____.
33	私たちの学校にはとても**幅の広い階段**がある。	Our school has very **wide** _____.
34	私は**上の階に行って**紳士靴を見ます。	I'll **go** _____ and look at men's shoes.
35 36	私たちは学校の制服に関して**規則に従わ**なければならない。	We have to _____ **the** _____ about school uniforms.
37 38	あなたは夜中に外の変な**物音に気づき**ましたか。	Did you _____ **a** strange _____ outside in the night?
39 40	友達と外食するとき，私たちはいつも**割り勘にする**。	When I eat out with friends, we always _____ **the** _____.
41 42	私には祖父についての**かけがえのない思い出**がたくさんある。	I have many _____ _____ of my grandfather.
43	警察は，それは解決が非常に難しい**事件**だと言った。	The police said that it was **a** very **difficult** _____ to solve.
44	大学の卒業は，私の人生で**最も大きな出来事**だった。	My college graduation was **the biggest** _____ in my life.
45	私は今朝，家の近くで**自動車事故**を目撃した。	This morning, I saw **a car** _____ near my house.

同じジャンルで覚える⑦　人を表す語　📖 P.26

	見出し語	意味	書きこみ①	書きこみ②	書きこみ③
46	niece [niːs] ニース				
47	cousin [kʌ́z(ə)n] カズン				
48	relative [rélətɪv] レラティヴ				
49	neighbor [néɪbər] ネイバー				
50	citizen [sítəz(ə)n] スィティズン				
51	stranger [stréɪn(d)ʒər] ストレインジャー				

反対の意味を持つ語をセットで覚える①

	見出し語	意味	書きこみ①	書きこみ②	書きこみ③
52	accept [əksépt] アクセプト				
53	reject [rɪdʒékt] リジェクト				
54	lift [lɪft] リフト				
55	drop [drɑ(ː)p] ドラップ				
56	pass [pæs] パス				
57	fail [feɪl] フェイル				

似ていて紛らわしい語をセットで覚える①　〈意味が似ている〉　📖 P.28

	見出し語	意味	書きこみ①	書きこみ②	書きこみ③
58	severe [sɪvíər] スィヴィアー				
59	strict [strɪkt] ストリクト				
60	correct [kərékt] コレクト				
61	accurate [ǽkjərət] アキュラット				
62	awful [ɔ́ːf(ə)l] オーフル				
63	terrible [térəb(ə)l] テリブル				
64	horrible [hɔ́ːrəb(ə)l] ホーリブル				

似ていて紛らわしい語をセットで覚える②　〈形が似ている〉

	見出し語	意味	書きこみ①	書きこみ②	書きこみ③
65	live [lɪv] リヴ				
66	alive [əláɪv] アライヴ				
67	loud [laʊd] ラウド				
68	aloud [əláʊd] アラウド				

46	私の**めい**のセーラは兄の娘だ。	**My** _____ **Sarah** is my brother's daughter.
47	あなたは何人の**いとこ**がいますか。	How many _____ do you **have**?
48	私の近い**親戚たち**はよくクリスマスに集まる。	My **close** _____. often get together at Christmas.
49	私たちの**隣人**は大きいイヌと２匹のネコを飼っている。	**Our** _____ **has a** big **dog** and two cats.
50	EU**市民**は他のEU諸国で容易に働くことができる。	**EU** _____ can work in other EU countries easily.
51	私の両親はよく**知らない人**と話さないようにと言った。	My parents often said that I shouldn't **speak to** _____.
52	あなたは彼の**アドバイスを受け入れる**べきだ。	You should _____ **his advice**.
53	なぜ私の**パスワードが拒否された**のかわからない。	I don't know why my **password was** _____.
54	彼は彼の**子どもを持ち上げて**肩に乗せた。	He _____ **his child** onto his shoulders.
55	すみません。あなたが**この財布を落とした**と思うのですが。	Excuse me. I think you _____ **this wallet**.
56	私は昨日英語の**テストに合格した**。	I _____ the English **test** yesterday.
57	私は数学の**テストに落ちた**ので、またそれを受けなければならない。	I _____ the math **test**, so I have to take it again.
58	私たちは昨年**厳しい冬**を過ごした。	We had **a** _____ **winter** last year.
59	私たちの学校には制服に関する**厳しい規則**がある。	Our school has _____ **rules** about school uniforms.
60	四角い枠の中から**正しい答え**を選びなさい。	Choose **the** _____ **answer** from the box.
61	この時計はとても古いが、まだ**正確な時間**を刻んでいる。	This clock is very old but it still keeps _____ **time**.
62	台所で何か**ひどい**においがする。	Something **smells** _____ in the kitchen.
63	私はそれは**ひどい映画**だと思った。	I thought it was **a** _____ **movie**.
64	私は昨夜**恐ろしい夢**を見た。	I had **a** _____ **dream** last night.
65	水族館では、人々は多くの**生きた魚**を見ることができる。	People can see many _____ **fish** in an aquarium.
66	買ったとき、その魚はまだ**生きていた**。	The fish **was still** _____ when I bought it.
67	**大きな声**で話してください。聞こえません。	Please speak **in a** _____ **voice**. I can't hear you.
68	私たちはよく英語の授業で**音読する**。	We often **read** _____ in our English classes.

文法・語法との関連で覚える①　〈it is ～ to do〉の形を取る形容詞・名詞　　📖 P.30

	見出し語	意味	書きこみ①	書きこみ②	書きこみ③
69	**possible** [pá(:)səb(ə)l] パシブル				
70	**necessary** [nésəsèri] ネセセリィ				
71	**dangerous** [déin(d)ʒ(ə)rəs] デインジャラス				
72	**convenient** [kənví:niənt] コンヴィーニァント				
73	**unusual** [ʌnjú:ʒu(ə)l] アンユージュアル				
74	**fun** [fʌn] ファン				
75	**rude** [ru:d] ルード				
76	**wise** [waiz] ワイズ				

文法・語法との関連で覚える②　〈it is ～ that ...〉の形を取る形容詞・名詞

	見出し語	意味	書きこみ①	書きこみ②	書きこみ③
77	**obvious** [á(:)bviəs] アブヴィアス				
78	**fortunate** [fɔ́:rtʃ(ə)nət] フォーチュナット				
79	**pity** [píti] ピティ				
80	**shame** [ʃeim] シェイム				

同じジャンルで覚える⑧　人の性格や様子を表す形容詞（1）　　📖 P.32

	見出し語	意味	書きこみ①	書きこみ②	書きこみ③
81	**polite** [pəláit] ポライト				
82	**smart** [smɑ:rt] スマート				
83	**selfish** [sélfiʃ] セルフィッシュ				
84	**lazy** [léizi] レィズィ				
85	**gentle** [dʒént(ə)l] ジェントル				
86	**calm** [kɑ:m] カーム				
87	**nervous** [nə́:rvəs] ナーヴァス				
88	**exhausted** [igzɔ́:stid] イグゾースティッド				

文法・語法との関連で覚える③　「大小・高低」を表す形容詞と結びつく名詞

	見出し語	意味	書きこみ①	書きこみ②	書きこみ③
89	**income** [ínkʌm] インカム				
90	**salary** [sǽl(ə)ri] サラリィ				
91	**population** [pà(:)pjəléiʃ(ə)n] パピュレイション				
92	**cost** [kɔ:st] コースト				
93	**risk** [risk] リスク				

69	私のレポートを今夜終わらせるのは可能ではない。	It's not ＿＿＿＿＿＿＿＿＿ to finish my report tonight.
70	5歳未満の子どもにチケットを買う必要はない。	It's not ＿＿＿＿＿＿＿＿＿ to buy a ticket for a child under five.
71	雪がたくさん降っているときに運転するのは危険だ。	It's ＿＿＿＿＿＿＿＿＿ to drive when it's snowing a lot.
72	木曜日に会議を開くのは，あなたにとって都合が良いですか。	Is it ＿＿＿＿＿＿＿＿＿ for you to hold a meeting on Thursday?
73	祖母が夜更かしするのは珍しい。	It is ＿＿＿＿＿＿＿ for my grandmother to stay up late.
74	スノーボードをしに行くのはとても楽しい。	It's great ＿＿＿＿ to go snowboarding.
75	「プリーズ」と言わずに食べ物を注文するのは無礼だ。	It is ＿＿＿＿＿ to order food without saying "please."
76	若いときにたくさんの本を読むのは賢明だ。	It's ＿＿＿＿＿ to read a lot of books when you are young.
77	私が正しいことは明らかだった。	It was ＿＿＿＿＿＿＿＿ that I was right.
78	私たちの結婚式の日に雨が降らなかったのは幸運だった。	It was ＿＿＿＿＿＿＿＿ that it didn't rain on our wedding day.
79	明日あなたが私たちと一緒にパーティーに行けないのは残念だ。	It's a ＿＿＿＿＿ that you can't come to the party with us tomorrow.
80	雨が降って私たちが外出できなかったのは残念だった。	It was a ＿＿＿＿＿＿ that it rained and we couldn't go out.
81	彼は礼儀正しい少年だ。彼はいつも「ありがとう」と言う。	He is a ＿＿＿＿＿＿ boy. He always says "Thank you."
82	彼女はとても頭の良い少女だ。彼女はクラスで一番数学が得意だ。	She is a very ＿＿＿＿＿＿ girl. She is the best at math in her class.
83	電車で2つの席を使うのは利己的な行為だ。	Using two seats on the train is ＿＿＿＿＿＿ behavior.
84	私は中学校ではとても怠惰な生徒だった。	I was a very ＿＿＿＿＿ student in junior high school.
85	父は優しい人だ。彼は決して怒らない。	My father is a ＿＿＿＿＿＿ person. He never gets angry.
86	地震が起きたとき，母はいつも冷静を保っている。	My mother always keeps ＿＿＿＿＿ when an earthquake happens.
87	ほとんどの人はスピーチをするとき緊張する。	Most people feel ＿＿＿＿＿＿＿ when they make a speech.
88	マラソンを走ったあと私は本当に疲れ果てていた。	I was really ＿＿＿＿＿＿＿＿＿ after running the marathon.
89	その有名な芸術家は少ない収入で生活していた。	The famous artist lived on a small ＿＿＿＿＿＿＿.
90	給料が低かったので，私はその仕事には就かなかった。	I didn't take the job because the ＿＿＿＿＿＿ was low.
91	日本はフランスよりも人口が多い。	Japan has a larger ＿＿＿＿＿＿＿＿ than France.
92	スイスでは生活費が高い。	The ＿＿＿＿＿ of living is high in Switzerland.
93	自動車レースなど，けがの危険性が高いスポーツもある。	Some sports, such as car racing, have a high ＿＿＿＿＿ of injury.

同じジャンルで覚える⑨　人の心の動きを表す形容詞(1)　📖 P.34

	見出し語	意味	書きこみ①	書きこみ②	書きこみ③
94	**satisfied** [sǽtɪsfàɪd] サティスファイド				
95	**pleased** [pliːzd] プリーズド				
96	**bored** [bɔːrd] ボード				
97	**confused** [kənfjúːzd] コンフューズド				
98	**scared** [skeərd] スケァード				
99	**embarrassed** [ɪmbǽrəst] インバレスト				
100	**disappointed** [dìsəpɔ́ɪntɪd] ディサポィンティッド				

同じジャンルで覚える⑩　物事の様子・状態を表す形容詞(1)

	見出し語	意味	書きこみ①	書きこみ②	書きこみ③
101	**various** [véəriəs] ヴェアリアス				
102	**regular** [régjələr] レギュラー				
103	**pale** [peɪl] ペィル				
104	**ugly** [ʌ́gli] アグリィ				
105	**delicate** [délɪkət] デリカット				
106	**flexible** [fléksəb(ə)l] フレクスィブル				

同じジャンルで覚える⑪　物事の様子・状態を表す形容詞(2)　📖 P.36

	見出し語	意味	書きこみ①	書きこみ②	書きこみ③
107	**tidy** [táɪdi] タィディ				
108	**plain** [pleɪn] プレィン				
109	**rough** [rʌf] ラフ				
110	**flat** [flæt] フラット				
111	**empty** [ém(p)ti] エンプティ				
112	**even** [íːv(ə)n] イーヴン				

同じジャンルで覚える⑫　大きさ・太さなどの形状を表す形容詞

	見出し語	意味	書きこみ①	書きこみ②	書きこみ③
113	**narrow** [nǽrou] ナロゥ				
114	**shallow** [ʃǽlou] シャロゥ				
115	**thick** [θɪk] スィック				
116	**thin** [θɪn] スィン				
117	**huge** [hjuːdʒ] ヒュージ				
118	**tiny** [táɪni] タィニィ				

94	彼は試験結果に**満足していなかった**。	He **wasn't** _____ **with** his exam results.
95	あなたが元気になったと**聞いてうれしい**。	I'm _____ **to hear** that you are feeling better.
96	ラーメンを1週間食べたので, 私は**うんざりした**。	I **felt** _____ after eating *ramen* for a week.
97	彼はわかったと言ったが, とても**混乱しているように**見えた。	He said he understood, but he **looked** very _____.
98	彼は本当に飛行機を**怖がっているので**, たいてい電車で移動する。	He **is** really _____ **of** flying, so he usually travels by train.
99	私はスピーチで言うべきことを忘れて**恥ずかしい思いをした**。	I **felt** _____ when I forgot what to say in my speech.
100	私はその映画の結末にはとても**がっかりした**。	I **was** very _____ **by** the ending of the movie.
101	私はいつも**さまざまな種類の**野菜を食べるように努めている。	I always try to eat _____ **types of** vegetables.
102	高齢者はたいてい**規則正しい生活を送っている**。	Older people usually **keep** _____ **hours**.
103	彼は昨日**顔色が悪かった**ので, 今日は休みだ。	He **looked** _____ yesterday, so he is absent today.
104	美しい古い町では, コンクリートの建物が**醜く見える**。	Concrete buildings **look** _____ in beautiful old towns.
105	この石鹸は**繊細な肌**によい。	This soap is good for _____ **skin**.
106	私は会議について**融通が利く**ので, あなたの都合のよい時間を選んでください。	I **am** _____ **about** the meeting, so choose a good time for you.
107	私はいつも自分の**部屋を片付けておく**ようにしている。	I always try to **keep my room** _____.
108	自己表現したいときは, **わかりやすい英語**を使うよう努めてください。	Try to use _____ **English** when you want to express yourself.
109	冬には私の**手はよく荒れている**ので, クリームを塗る。	My **hands are** often _____ in winter, so I put cream on them.
110	日本は山で覆われているので, **平らな陸地**があまりない。	Japan is covered with mountains, so there isn't much _____ **land**.
111	日本ではどのように**空きびん**を処分できますか。	How can you get rid of _____ **bottles** in Japan?
112	**床が平らで**ない古い家もある。	Some old houses do not have _____ **floors**.
113	この辺りには多くの**狭い通り**がある。	There are many _____ **streets** around here.
114	小さなプラスチックのかけらが**浅瀬**だけでなく深海でも見つかっている。	Small pieces of plastic are found in deep oceans as well as in _____ **waters**.
115	12月だ。冬用の**厚いコート**がほしい。	It's December. I want **a** _____ **coat** for winter.
116	今コンピューターはとても**薄くて軽い**。	Computers are so _____ **and light** now.
117	ロシアは多くの標準時間帯がある**巨大な国**だ。	Russia is **a** _____ **country** with many time zones.
118	その川には**とても小さい魚**がたくさんいる。	There are a lot of _____ **fish** in the river.

コロケーションで覚える② 📖 P.38

	見出し語	意味	書きこみ①	書きこみ②	書きこみ③
119	careless [kéərləs] ケアレス				
120	mistake [mɪstéɪk] ミステイク				
121	earn [ɚːrn] アーン				
122	wage [weɪdʒ] ウェィジ				
123	crowd [kraʊd] クラゥド				
124	gather [gǽðɚr] ギャザー				

文法・語法との関連で覚える④ 不定詞と結びつく名詞

	見出し語	意味	書きこみ①	書きこみ②	書きこみ③
125	ability [əbíləti] アビリティ				
126	courage [kə́ːrɪdʒ] カーリッジ				
127	duty [d/úːti] デューティ				
128	attempt [ətém(p)t] アテンプト				

文法・語法との関連で覚える⑤ 不定詞と結びつく自動詞

	見出し語	意味	書きこみ①	書きこみ②	書きこみ③
129	tend [tend] テンド				
130	struggle [strʌ́g(ə)l] ストラグル				

似ていて紛らわしい語をセットで覚える③ 〈意味が似ている〉 📖 P.40

	見出し語	意味	書きこみ①	書きこみ②	書きこみ③
131	repair [rɪpéɚr] リペアー				
132	fix [fíks] フィックス				
133	handle [hǽnd(ə)l] ハンドル				
134	operate [ɑ́(ː)pərèɪt] アパレィト				
135	remain [rɪméɪn] リメィン				
136	leave [liːv] リーヴ				
137	continue [kəntínjuː] コンティニュー				
138	last [lǽst] ラスト				

同じジャンルで覚える⑬ 人を責める意味を持つ語

	見出し語	意味	書きこみ①	書きこみ②	書きこみ③
139	scold [skoʊld] スコゥルド				
140	punish [pʌ́nɪʃ] パニッシュ				
141	blame [bleɪm] ブレィム				
142	fault [fɔːlt] フォールト				

119 120	レポートを提出する前に, **不注意な誤り**がないかどうかいつも確認してください。	Always check your report for _____ _____ before you hand it in.
121 122	みんな良い**賃金を稼ぎ**たい。	Everyone wants to _____ **a** good _____.
123 124	そのパレードを見るために大**群衆が集まった。**	**A** large _____ _____ to watch the parade.
125	私は英語**を話す能力**を向上させたい。	I want to improve my _____ ____ _____ English.
126	私にはバンジージャンプ**をしてみる勇気**がありません。	I don't have the _____ _____ bungee jumping.
127	親たちには子どもたち**の世話をする義務**がある。	Parents have a _____ ____ _____ ____ their children.
128	私はそのファイル**をダウンロードしようと試みた**が, 何かがおかしかった。	I **made an** _____ ____ _____ the file, but something was wrong.
129	現在ではたくさんの日本人が多くの**肉を食べる傾向がある。**	Many Japanese people _____ ____ _____ a lot of **meat** now.
130	彼は今も病気**を克服しようと奮闘している。**	He is still _____ ____ ____ _____ his illness.
131	私の父は自転車**を修理する**のが上手です。	My father is good at _____ **bicycles**.
132	この**コンピューターを修理する**のにいくらかかりますか。	How much will it cost to _____ **this computer**?
133	おそらくこの**問題を処理**できるのは彼だけだろう。	Perhaps only he can _____ **this problem**.
134	**ドローンを操作する**のに免許は必要ですか。	Do you need a license to _____ **a drone**?
135	シートベルト着用のサインが消えるまで, **席についたままでいて**ください。	Please _____ **seated** until the seat-belt sign is turned off.
136	**ドアを開けたままにし**ないでください。中が寒いです！	Don't _____ **the door open**. It's cold in here!
137	雪は３日間**降り続いた。**	It _____ **to snow** for three days.
138	第一次世界大戦は４**年**以上の間**続いた。**	The First World War _____ **for** more than four **years**.
139	私たちは**子どもたちをしかる**ときに, 十分注意する必要がある。	We need to be very careful when we _____ **children**.
140	私の先生は校則を破ったことで私を**罰した。**	My teacher _____ **me for breaking** a school rule.
141	母は昨日学校に遅れたことで私を**非難した。**	My mother _____ **me for being late** for school yesterday.
142	会議が中止になったのは彼の**責任だ。**彼は来なかった。	**It was his** _____ **that** the meeting was canceled. He didn't come.

似ていて紛らわしい語をセットで覚える④　〈意味が似ている〉　　📖 P.42

	見出し語	意味	書きこみ①	書きこみ②	書きこみ③
143	**award** [əwɔ́ːrd] アウォード				
144	**reward** [riwɔ́ːrd] リウォード				
145	**wrap** [ræp] ラップ				
146	**pack** [pæk] パック				
147	**custom** [kʌ́stəm] カスタム				
148	**habit** [hǽbɪt] ハビット				
149	**match** [mætʃ] マッチ				
150	**fit** [fɪt] フィット				
151	**suit** [suːt] スート				

文法・語法との関連で覚える⑥　複数形に注意すべき語(1)

	見出し語	意味	書きこみ①	書きこみ②	書きこみ③
152	**manners** [mǽnərz] マナーズ				
153	**arms** [ɑːrmz] アームズ				
154	**glasses** [ɡlǽsɪz] グラスィズ				

文法・語法との関連で覚える⑦　自動詞と間違いやすい他動詞　　📖 P.44

	見出し語	意味	書きこみ①	書きこみ②	書きこみ③
155	**marry** [mǽri] マリィ				
156	**reach** [riːtʃ] リーチ				
157	**discuss** [dɪskʌ́s] ディスカス				
158	**contact** [kɑ́(ː)ntækt] カンタクト				
159	**approach** [əpróutʃ] アプロゥチ				
160	**resemble** [rizémb(ə)l] リゼンブル				

同じジャンルで覚える⑭　貸し借りを意味する語

	見出し語	意味	書きこみ①	書きこみ②	書きこみ③
161	**lend** [lend] レンド				
162	**borrow** [bɔ́ːrou] ボーロゥ				
163	**rent** [rent] レント				
164	**loan** [loun] ロゥン				

143	その素晴らしい演奏に対して，そのバイオリニストに特別**賞が与えられた**。	The violinist was **given a** special _____ for her great performance.
144	もし私たちの迷い犬を見つけたら，あなたに**報酬を差し上げます**。	If you find our lost dog, we will **give** you a _____.
145	私はお父さんへの**このプレゼントを包む**必要がある。	I need to _____ **this present** for my Dad.
146	あなたは自分で**スーツケースに荷物を詰め**ましたか。	Did you _____ **your suitcase** by yourself?
147	クリスマスの日に七面鳥を食べるのは欧米の**習慣**だ。	It is **a Western** _____ to eat turkey on Christmas Day.
148	口に食べ物をいっぱい入れたまま話すのは**悪い癖**だ。	Talking with your mouth full is **a bad** _____.
149	**私の靴と合う**赤いハンドバッグを探しています。	I'm looking for a red handbag to _____ **my shoes**.
150	これらの靴は（サイズが）**合い**ません。もっと大きなサイズが必要です。	These **shoes** don't _____. I need a bigger size.
151	**ショートヘアが**すごく**お似合いです**ね！	**Short hair** really _____ **you**!
152	海外に行くなら，**テーブルマナー**について学ぶことをお勧めします。	If you go abroad, I recommend you learn about **table** _____.
153	イギリスでは警察官はたいてい**武器を携帯し**ない。	Police officers usually do not **carry** _____ in the UK.
154	私は昨日新しい**めがねを1つ**買った。	I bought **a new pair of** _____ yesterday.
155	私の姉は高校時代の**クラスメートと結婚した**。	My sister _____ **a classmate** from high school.
156	彼らは昨日エベレスト山の**頂上に到達した**。	They _____ **the top** of Mt. Everest yesterday.
157	私たちは授業でアフリカの**食糧問題について話し合った**。	We _____ **food problems** in Africa in class.
158	何か質問があれば，**ブラウンさんと連絡を取って**ください。	Please _____ **Mr. Brown** if you have any questions.
159	そのハリケーンは**フロリダに近づいて**いる。	The hurricane is _____ **Florida**.
160	彼らが**互いに似ている**のも当然だ。彼らは双子だ！	No wonder they _____ **each other**. They are twins!
161	**私に辞書を貸して**くれますか。	Could you _____ **me your dictionary**?
162	あなたの**辞書を借りて**もいいですか。	Could I _____ **your dictionary**?
163	私の兄は大学の近くに**アパートを借り**たいと思っている。	My brother wants to _____ **an apartment** near his university.
164	ほとんどの人々は家を買うのに**ローンを組む**必要がある。	Most people need to **get a** _____ to buy a house.

文法・語法との関連で覚える⑧　品詞による意味の違いに注意すべき語(1)　📖 P.46

	見出し語	意味	書きこみ①	書きこみ②	書きこみ③
165	**sound** [saʊnd] サゥンド				
166	**direct** [dərékt] ディレクト				
167	**patient** [péɪʃ(ə)nt] ペィシェント				
168	**tear** [teər] テアー				
169	**note** [noʊt] ノゥト				
170	**store** [stɔːr] ストー				

同じジャンルで覚える⑮　料金・罰金を表す語

	見出し語	意味	書きこみ①	書きこみ②	書きこみ③
171	**admission** [ədmíʃ(ə)n] アドミション				
172	**fee** [fiː] フィー				
173	**tuition** [tjuíʃ(ə)n] トゥイション				
174	**charge** [tʃɑːrdʒ] チャージ				
175	**fare** [feər] フェアー				
176	**fine** [faɪn] ファイン				
177	**penalty** [pén(ə)lti] ペナルティ				

コロケーションで覚える③　〈天候・災害〉　📖 P.48

	見出し語	意味	書きこみ①	書きこみ②	書きこみ③
178	**weather** [wéðər] ウェザー				
179	**forecast** [fɔ́ːrkæst] フォーキャスト				
180	**wind** [wɪnd] ウィンド				
181	**blow** [bloʊ] ブロゥ				
182	**typhoon** [taɪfúːn] タイフーン				
183	**hit** [hɪt] ヒット				
184	**flood** [flʌd] フラッド				
185	**warning** [wɔ́ːrnɪŋ] ウォーニング				
186	**landslide** [lǽndslàɪd] ランドスラィド				
187	**occur** [əkə́ːr] アカアー				
188	**rescue** [réskjuː] レスキュー				
189	**drown** [draʊn] ドラゥン				

165	その留学プログラムはとても**面白そうに聞こえる**。	The study-abroad program ＿＿＿＿＿＿ very **interesting**.
166	そのランナーは彼のすべてのエネルギー**を**毎日の訓練に**向けた**。	The runner ＿＿＿＿＿＿ all his energy **toward** training every day.
167	その**患者**は非常に短時間で**回復した**。	The ＿＿＿＿＿＿ **got better** very quickly.
168	子どもたちは遊んでいるときに**服を破る**ことがある。	Children sometimes ＿＿＿＿ **their clothes** while playing.
169	レポートは今月末までに提出しなければならない**ことに注意して**ください。	Please ＿＿＿＿ (**that**) you must hand in your report by the end of this month.
170	薬は安全に**保管される**べきだ。	**Medicine** should be ＿＿＿＿＿＿ safely.
171	上野動物園の**入園料**はいくらですか。	How much is **the** ＿＿＿＿＿＿ **for** Ueno Zoo?
172	私はまだジムの**会費**を払っていない。	I haven't paid my **membership** ＿＿＿＿ for the gym yet.
173	私の両親は姉の**授業料**を払っている。姉は大学生だ。	My parents **pay my sister's** ＿＿＿＿＿＿ (**fees**). She is a university student.
174	あのカフェでは，2杯目のコーヒーを**無料**で飲むことができる。	You can have a second cup of coffee **free of** ＿＿＿＿＿＿ in that café.
175	**バス料金**は最近30円上がった。	**Bus** ＿＿＿＿＿ went up by 30 yen recently.
176	私は適切ではない場所に駐車したので，**罰金**を払わなければならない。	I have to **pay a** ＿＿＿＿ for parking in the wrong place.
177	もしここで喫煙したら，あなたは**罰金として**2千円**払わ**なければなりません。	If you smoke here, you have to **pay** 2,000 **yen as a** ＿＿＿＿＿＿.
178 179	**天気予報**によると，明日はとても寒くなるそうだ。	**The** ＿＿＿＿＿＿ ＿＿＿＿＿＿ says it is going to be very cold tomorrow.
180 181	昨日は一日中とても強い**風が吹いた**。	Very strong ＿＿＿＿＿ ＿＿＿＿ all day yesterday.
182 183	今週末，その**台風は九州に上陸する**かもしれない。	**The** ＿＿＿＿＿＿ might ＿＿＿＿ **Kyushu** this weekend.
184 185	私たちはもし**洪水警報**を聞いたら，家の近くの小学校に行きます。	If we hear **a** ＿＿＿＿＿ ＿＿＿＿＿＿, we will go to the elementary school near our house.
186 187	日本では梅雨の間しばしば**土砂崩れが発生する**。	＿＿＿＿＿＿ often ＿＿＿＿＿ during the rainy season in Japan.
188 189	川辺でキャンプをしていた何人かの人たちが，**溺れているところを救われた**。	Some people camping near the river **were** ＿＿＿＿＿＿ **from** ＿＿＿＿＿＿.

同じジャンルで覚える⑯　気象状況を表すのに用いる語　📖 P.50

	見出し語	意味	書きこみ①	書きこみ②	書きこみ③
190	**atmosphere** [ǽtməsfìər] アトモスフィアー				
191	**temperature** [témp(ə)rətʃər] テンパラチャー				
192	**humidity** [hjuːmídəti] ヒュミディティ				
193	**degree** [dɪgríː] ディグリー				
194	**mild** [maɪld] マイルド				
195	**thunder** [θʌ́ndər] サンダー				
196	**fog** [fɑ(ː)g] ファグ				

同じジャンルで覚える⑰　自然災害に関する語

	見出し語	意味	書きこみ①	書きこみ②	書きこみ③
197	**disaster** [dɪzǽstər] ディザスター				
198	**earthquake** [ə́ːrθkwèɪk] アースクウェイク				
199	**volcano** [vɑ(ː)lkéɪnou] ヴァルケィノゥ				
200	**storm** [stɔːrm] ストーム				

同じジャンルで覚える⑱　地球表面の構成　📖 P.52

	見出し語	意味	書きこみ①	書きこみ②	書きこみ③
201	**ocean** [óuʃ(ə)n] オゥシャン				
202	**continent** [kɑ́(ː)nt(ə)nənt] カンティネント				
203	**island** [áɪlənd] アィランド				
204	**desert** [dézərt] デザート				
205	**valley** [vǽli] ヴァリィ				

コロケーションで覚える④

	見出し語	意味	書きこみ①	書きこみ②	書きこみ③
206	**tropical** [trɑ́(ː)pɪk(ə)l] トラピカル				
207	**climate** [kláɪmət] クラィマット				
208	**human** [hjúːmən] ヒューマン				
209	**evolution** [èvəlúːʃ(ə)n] エヴォルーション				

スペリングに注目して覚える①　「生きる」の意味の -vive で終わる語

	見出し語	意味	書きこみ①	書きこみ②	書きこみ③
210	**survive** [sərváɪv] サーヴァィヴ				
211	**revive** [rɪváɪv] リヴァィブ				

190	地球の**大気**はおよそ100キロメートルの厚さだと言われている。	It is said that **the earth's** _____ is about 100 kilometers thick.
191	今年，日本における最高**気温**を記録した。	**The highest** _____ in Japan was recorded this year.
192	日本では夏はたいてい**湿度**が高い。	**The** _____ **is** usually **high** in summer in Japan.
193	昨日は**35度**を超えていた。	It was **over 35** _____ yesterday.
194	今年はとても**温暖な**冬だった。	We had **a** very _____ **winter** this year.
195	私は**雷**の音で起こされた。	I was woken up by **the sound of** _____.
196	**濃霧**のため，多くの航空便が遅れた。	Many flights were delayed because of **thick** _____.
197	日本では**自然災害**がよく起こる。	**Natural** _____ often happen in Japan.
198	誰もが**大きな地震**に備えておくべきだ。	Everyone should be prepared for **a big** _____.
199	富士山は**死火山**ですか。	Is Mt. Fuji **a dead** _____?
200	その**ひどい嵐**のため，多くの電車が運休した。	Many trains were cancelled because of **the terrible** _____.
201	多くの珍しい魚が**海の深いところ**に住んでいる。	Many unusual fish live **deep in the** _____.
202	オーストラリアは世界で**最も小さい大陸**だ。	Australia is **the smallest** _____ in the world.
203	日本は東アジアの**島国**だ。	Japan is **an** _____ **country** in East Asia.
204	動物の中には**砂漠に住む**ことができるものもいる。	Some animals can **live in** _____.
205	私たちはフランスの**狭い谷**にあるホテルに泊まった。	We stayed in a hotel in **a narrow** _____ in France.
206 207	シンガポールは**熱帯気候**ですか。	Does Singapore have **a** _____ _____?
208 209	私はいつどこで**人類の進化**が始まったのかについて学びたい。	I want to study about where and when _____ _____ started.
210	動物がどのようにして寒い**冬を生き延びられる**か知っていますか。	Do you know how animals can _____ **the** cold **winter**?
211	その医者は意識不明だった**患者を蘇生させた**。	The doctor _____ **the patient** who was unconscious.

学習日 ＿＿月＿＿日

コロケーションで覚える⑤ 〈環境〉 📖 P.54

	見出し語	意味	書きこみ①	書きこみ②	書きこみ③
212	**damage** [dǽmɪdʒ] ダミッジ				
213	**environment** [ɪnváɪ(ə)r(ə)nmənt] インバイランメント				
214	**spoil** [spɔɪl] スポィル				
215	**view** [vju:] ヴュー				
216	**save** [seɪv] セィヴ				
217	**energy** [énərdʒi] エナージィ				
218	**poisonous** [pɔ́ɪz(ə)nəs] ポィゾナス				
219	**substance** [sʌ́bst(ə)ns] サブスタンス				

同じジャンルで覚える⑲ 環境汚染・環境破壊に関する語(1)

	見出し語	意味	書きこみ①	書きこみ②	書きこみ③
220	**chemical** [kémɪk(ə)l] ケミカル				
221	**pollution** [pəlú:ʃ(ə)n] ポルーション				
222	**garbage** [gá:rbɪdʒ] ガービッジ				
223	**trash** [træʃ] トラッシュ				

コロケーションで覚える⑥ 〈環境〉 📖 P.56

	見出し語	意味	書きこみ①	書きこみ②	書きこみ③
224	**supply** [səplάɪ] サプラィ				
225	**electricity** [ɪlèktrísəti] イレクトリスィティ				
226	**reduce** [rɪdjú:s] リデュース				
227	**waste** [weɪst] ウェィスト				
228	**burn** [bə:rn] バーン				
229	**fossil** [fά(:)s(ə)l] ファスィル				
230	**fuel** [fjú(:)əl] フュエル				

同じジャンルで覚える⑳ エネルギー・資源に関する語(1)

	見出し語	意味	書きこみ①	書きこみ②	書きこみ③
231	**solar** [sóulər] ソゥラー				
232	**generate** [dʒénərèɪt] ジェネレィト				
233	**greenhouse** [grí:nhàus] グリーンハゥス				
234	**resource** [rí:sɔ:rs] リーソース				
235	**material** [mətíəriəl] マティアリアル				

212 213	人々は長い間, **環境に害を与えてきた。**	People have been _____ **the** _____ for a long time.
214 215	あの高い建物が, この美しい湖の**眺望をだめにしている。**	That tall building _____ **the** _____ of this beautiful lake.
216 217	あなたは**エネルギーを節約するため**に何かしていますか。	Are you doing anything to _____ _____?
218 219	食品会社はその商品にいかなる**有毒な物質**をも使用してはならない。	Food companies must not use any _____ _____ in their products.
220	企業は食品への**化学物質の使用**に関して, より慎重になっている。	Companies are more careful about **the use of** _____ in food.
221	1960年代と70年代には**水質汚染**が本当にひどかった。	**Water** _____ was really bad in the 1960s and 70s.
222	あなたの家庭では誰が**ごみを出し**ますか。	Who **takes out the** _____ in your family?
223	**ごみ箱**はイギリスでは "bin" と呼ばれる。	A _____ **can** is called a "bin" in Britain.
224 225	彼らはどのようにして小さな島に**電力を供給し**ますか。	How do they _____ _____ to a small island?
226 227	多くの人々は**ごみを減ら**そうとしている。	Many people are trying to _____ _____.
228 229 230	**化石燃料を燃やすこと**は環境によくない。	_____ _____ _____ is not good for the environment.
231	私たちは将来**太陽エネルギー**をもっと使うよう努めるべきだ。	We should try to use more _____ **energy** in the future.
232	**電力を生み出す**新しい方法が今検討されている。	New ways of _____ **electricity** are being explored.
233	CO₂は**温室(効果)ガス**のひとつだ。	CO_2 is one of the _____ **gases**.
234	日本は多くの**天然資源**を持たない。	Japan does not have many **natural** _____.
235	アルミニウムは1円玉の**原料**だ。	Aluminum is **the raw** _____ for one-yen coins.

時に関する表現

📖 P.58

	見出し語	意味	書きこみ
236	at present		①
			②
237	the other day		①
			②
238	before long		①
			②
239	at first		①
			②
240	for the first time		①
			②
241	for the time being		①
			②

対にして覚えておきたい時に関する表現

	見出し語	意味	書きこみ
242	these days		①
			②
243	in those days		①
			②
244	the day after tomorrow		①
			②
245	the day before yesterday		①
			②
246	in the past		①
			②
247	in the future		①
			②

236	私の姉は**現在は**大学生だが，3月に卒業する。	My sister is a college student ____ _____, but she will graduate in March.
237	私は**先日**軽井沢にいるときにこのジャケットを買った。	I bought this jacket _____ _____ _____ when I was in Karuizawa.
238	**まもなく**初雪が降るだろう。	We will have the first snow _____ _____ .
239	**最初は**寂しかったが，私はすぐに多くのすばらしい人々に出会った。	_____ _____ I was lonely, but soon I met a lot of nice people.
240	私は10歳のときに**初めて**海外に行った。	I went abroad _____ _____ _____ _____ when I was 10 years old.
241	私は**当面は**アパートに住んでいるが，近いうちに家を買いたい。	I'm living in an apartment _____ _____ _____ _____, but I want to buy a house soon.
242	**近頃**，多くの人が家に電話を持っていない。	_____ _____, many people don't have phones at home.
243	**その当時は**，ほとんど誰もテレビを持っていなかった。	_____ _____ _____, almost nobody had a TV.
244	私は**あさって**までに宿題を終えなければならない。	I have to finish my homework by _____ _____ _____ _____.
245	私はこのパンを**おととい**買ったが，まだ食べてもかまわないはずだ。	I bought this bread _____ _____ _____ _____, but it should still be OK to eat.
246	**過去には**，日本にはずっと多くの子どもがいた。	_____ _____ _____, there were many more children in Japan.
247	**未来には**，ロボットがすべてをコントロールするかもしれない。	_____ _____ _____, robots might control everything.

場所や位置に関する表現

📖 P.60

	見出し語	意味	書きこみ
248	in front of A		①
			②
249	at[in] the back of A		①
			②
250	in the middle of A		①
			②
251	in the north of A		①
			②
252	next to A		①
			②
253	in the distance		①
			②

基本動詞で表す表現　〈do を用いた表現〉

	見出し語	意味	書きこみ
254	do *one's* best		①
			②
255	do A a favor		①
			②
256	do A good		①
			②
257	do without A		①
			②

248	明日の朝8時に駅**の前で**会いましょう。	Let's meet _____ _____ ____ the station at eight tomorrow morning.
249	バス**の後ろには**いくつかの空席があった。	There were some empty seats ____ _____ _____ ____ the bus.
250	写真**の真ん中に**いるのが私の父だ。	That's my Dad ____ _____ _____ ____ the photo.
251	私たちは長野県**の北部に**ある村に住んでいる。	We live in a village ____ _____ _____ ____ Nagano prefecture.
252	私たちのホテル**の隣には**コンビニがあった。	There was a convenience store _____ ____ our hotel.
253	曇っていなければ，**遠くに**富士山が見えるのだが。	If it were not cloudy, you could see Mt. Fuji ____ _____ _____.
254	アスリートにとっては，メダルを獲得するよりも**全力を尽くす**方が大事だ。	It is more important for athletes to _____ _____ _____ than to win a medal.
255	**私の頼みを聞いて**いただけますか。	Could you _____ **me** ___ _____, please?
256	もっと果物を食べるとあなた**のためになる**。	It will _____ **you** _____ to eat more fruit.
257	私は朝にコーヒー**なしで済ませる**ことができない。	I can't _____ _____ coffee in the morning.

基本動詞で表す表現 〈go を用いた表現〉

📖 P.62

	見出し語	意味	書きこみ
258	go off		①
			②
259	go by		①
			②
260	go over A		①
			②
261	go through A		①
			②

基本動詞で表す表現 〈come を用いた表現〉

	見出し語	意味	書きこみ
262	come true		①
			②
263	come across A		①
			②
264	come up with A		①
			②

基本動詞で表す表現 〈take を用いた表現〉(1)

	見出し語	意味	書きこみ
265	take after A		①
			②
266	take notes		①
			②
267	take place		①
			②
268	take A for granted		①
			②

258	今朝私の目覚まし時計が**鳴ら**なかった。	My alarm didn't _____ _____ this morning.
259	時が**過ぎる**につれ，私は家族の大切さがわかった。	As time _____ _____, I understood the importance of family.
260	家で今日の授業**を復習して**ください。	Please _____ _____ today's lesson at home.
261	答えを確認するために今から昨日のテスト**に目を通します**。	We'll _____ _____ yesterday's test now to check the answers.
262	オリンピックのメダルを取るという彼女の夢は**実現した**。	Her dream of winning an Olympic medal _____ _____.
263	机を掃除していたときに，私は古い日記**を偶然見つけた**。	I _____ _____ an old diary when I was cleaning my desk.
264	太郎は私たちのプレゼンテーションのトピックについて良い案**を思いついた**。	Taro _____ _____ _____ a good idea for our presentation topic.
265	ケイトは数学の才能において彼女の父親**に似ている**。	Kate _____ _____ her father in her ability at math.
266	リスニングテスト中は，**メモを取る**べきです。	You should _____ _____ during listening tests.
267	私たちの学園祭は，9月上旬に**行われます**。	Our school festival _____ _____ in early September.
268	入学試験に受かるのが**当たり前だと思って**はいけない。	Don't _____ **it** _____ _____ that you will pass the exam.

学習日 _____ 月 _____ 日

〈be＋形容詞＋前置詞〉の表現(1)　　📖 P.64

	見出し語	意味	書きこみ
269	be proud of A		①
			②
270	be absent from A		①
			②
271	be free from A		①
			②
272	be far from A		①
			②
273	be famous for A		①
			②

〈動詞＋A＋前置詞＋B〉の形を取る表現(1)

	見出し語	意味	書きこみ
274	tell A from B		①
			②
275	take A for B		①
			②
276	exchange A for B		①
			②
277	turn A into B		①
			②
278	invite A to B		①
			②
279	add A to B		①
			②
280	prefer A to B		①
			②

269	私は孫息子**を誇りに思う**。彼はとてもフルートが上手だ。	I_____ _____ _____ my grandson. He is a very good flute player.
270	彼は昨日演劇部**を休んだ**。	He _____ _____ _____ the drama club yesterday.
271	あなたの小論文はほとんど間違い**がない**。	Your essay ____ almost _____ _____ mistakes.
272	彼の家業は成功**にはほど遠い**が，彼は幸せだ。	His family business ____ _____ _____ successful, but he is happy.
273	松本市は古い城**で有名だ**。	Matsumoto city ____ _____ _____ its old castle.
274	どうやって双子の1人**を**もう一方**と見分け**ればいいのだろう。	How can I _____ one twin _____ the other?
275	私たちは似ているから，たくさんの人が私**を**姉**だと思う**。	Many people _____ me _____ my sister because we look the same.
276	彼は半袖のシャツを長袖のシャツに**交換し**たかった。	He wanted to _____ a short-sleeved shirt _____ a long-sleeved one.
277	彼女は王子**を**カエルに**変えた**。	She _____ the prince _____ a frog.
278	彼らはたくさんの人を自分たちの結婚式**に招待した**。	They _____ many people _____ their wedding.
279	味噌を少しスープ**に加える**べきかもしれない。	Perhaps I should _____ some *miso* _____ the soup.
280	私は飛行機**よりも**電車で旅する**方が好きだ**。	I _____ traveling by train _____ plane.

形が似ていて紛らわしい表現（1）　　　📖 P.66

	見出し語	意味	書きこみ
281	in time		①
			②
282	on time		①
			②
283	be used to A		①
			②
284	used to *do*		①
			②
285	be tired of A		①
			②
286	be tired from A		①
			②
287	put off A[A off]		①
			②
288	put out A[A out]		①
			②

同じ意味の表現

	見出し語	意味	書きこみ
289	take care of A		①
			②
290	look after A		①
			②
291	take part in A		①
			②
292	participate in A		①
			②

281	私は映画の開始**時間**に到着が**間に合わ**なかった。	I didn't arrive ____ _____ for the start of the movie.
282	日本ではほぼいつも電車は**時間通りだ**。	Trains are almost always _____ _____ in Japan.
283	私の兄は大学生で，自分で料理をすること**に慣れている**。	My brother is a university student, and he ____ _____ ____ cooking for himself.
284	若い頃，彼は毎日テニス**をしたものだ**。	He _____ ____ _____ tennis every day when he was young.
285	私は都会に住む**のにうんざりしている**。田舎に引っ越したい。	I_____ _____ ____ living in a city. I want to move to the countryside.
286	私は1日中勉強**して疲れている**。	I_____ _____ _____ studying all day.
287	上司は金曜日まで会議**を延期した**。	The boss _____ _____ _____ the meeting until Friday.
288	昨夜近所で火事があったが，それはすぐに**消し止められた**。	There was a fire in our neighborhood last night, but it _____ _____ _____ quickly.
289	年をとったときに誰が自分**の世話をして**くれるのか心配する人もいる。	Some people worry about who will _____ _____ ____ them when they become old.
290	小さなアパートでペット**の世話をする**のは困難だ。	It is difficult to _____ _____ pets in a small apartment.
291	毎年私の祖父は私たちの都市のマラソンレース**に参加する**。	My grandfather _____ _____ ____ the marathon race in our city every year.
292	今年は2,000人を超える人々がその会議**に参加した**。	More than 2,000 people _____ ____ the conference this year.

コロケーションで覚える⑦　　　📖 P.68

	見出し語	意味	書きこみ①	書きこみ②	書きこみ③
293	perform [pərfɔ́ːrm] パーフォーム				
294	task [tǽsk] タスク				
295	positive [pá(ː)zətɪv] パジティヴ				
296	attitude [ǽtət/ùːd] アティチュード				
297	negative [négətɪv] ネガティヴ				
298	image [ímɪdʒ] イミッジ				
299	judge [dʒʌ́dʒ] ジャッジ				
300	appearance [əpíər(ə)ns] アピアランス				
301	personal [pɔ́ːrs(ə)n(ə)l] パーソナル				
302	experience [ɪkspíəriəns] イクスピァリエンス				

同じジャンルで覚える㉑　時の長さを表す語

	見出し語	意味	書きこみ①	書きこみ②	書きこみ③
303	second [sék(ə)nd] セカンド				
304	moment [móumənt] モゥメント				
305	decade [dékeɪd] デケイド				

スペリングに注目して覚える②　un- をつけて反意語にできる形容詞　　　📖 P.70

	見出し語	意味	書きこみ①	書きこみ②	書きこみ③
306	conscious [ká(ː)nʃəs] カンシャス				
307	pleasant [pléz(ə)nt] プレズント				
308	successful [səksésf(ə)l] サクセスフル				
309	realistic [riːəlístɪk] リーァリスティック				
310	comfortable [kʌ́mfərtəb(ə)l] カンフォータブル				
311	certain [sɔ́ːrt(ə)n] サートゥン				
312	available [əvéɪləb(ə)l] アヴェィラブル				

文法・語法との関連で覚える⑨　数えられない集合名詞〈生活に関する語〉

	見出し語	意味	書きこみ①	書きこみ②	書きこみ③
313	furniture [fɔ́ːrnɪtʃər] ファーニチャー				
314	baggage [bǽgɪdʒ] バギッジ				
315	clothing [klóuðɪŋ] クロウジング				

293 294	その生徒たちはとてもうまく**その課題をやり遂げた**。	The students _____ the _____ very well.
295 296	スピーチをするときは，**積極的な態度**を保つように努めてください。	When you make a speech, try to keep **a** _____ _____.
297 298	国によっては入れ墨には**良くない印象**がある。	Tattoos have **a** _____ _____ in some countries.
299 300	人を**外見で判断して**はいけないとよく言われる。	It is often said that we should not _____ people **by** _____.
301 302	彼は私たちに海外生活の**個人的な経験**について話してくれた。	He told us about his _____ of living abroad.
303	私たちはほんの**30秒**差で電車に乗り遅れた。	We missed our train by only **30** _____.
304	**ちょっとの間**静かにしていていただけますか。	Could you keep quiet **for a** _____?
305	この地域の多くの家は**この10年で**建てられた。	Many houses in this area were built **in the last** _____.
306	彼は病院に運ばれてから**意識を取り戻した**。	He **became** _____ after he was taken to the hospital.
307	あなたが**楽しい旅**をすることを願っています。	I hope you have **a** _____ **journey**.
308	彼は60代で**成功した芸術家**となった。	He became **a** _____ **artist** in his sixties.
309	私たちにとって東京に大きな家**を買うことは現実的ではない**。	**It is not** _____ for us **to buy** a big house in Tokyo.
310	このズボンはとても**心地よく感じる**。	I **feel** very _____ in these trousers.
311	スマートフォンなしでは生きられない人が**いることは確かだ**。	**It is** _____ **that** some people cannot live without a smartphone.
312	このコートは6色で**入手可能だ** [6色**取りそろえられている**]。	This coat **is** _____ **in six colors**.
313	私たちは新しい家にもう少し**家具を買う必要がある**。	We need to **buy** some more _____ for our new house.
314	この航空便には**手荷物**を1つだけ持ち込むことが許されている。	You are allowed to take only **one piece of** _____ on this flight.
315	フィンランドに行くなら，暖かい**衣類**をいくつか持って行きなさい。	If you go to Finland, take some **warm** _____.

学習日 ＿＿＿月＿＿＿日

同じジャンルで覚える㉒　ポジティブな意味を持つ形容詞(1)　📖 P.72

	見出し語	意味	書きこみ①	書きこみ②	書きこみ③
316	**ideal** [aɪdí:(ə)l] アィディール				
317	**proper** [prá(:)pər] プラパー				
318	**suitable** [sú:təb(ə)l] スータブル				
319	**appropriate** [əpróupriət] アプロゥプリアット				
320	**confident** [ká(:)nfɪd(ə)nt] カンフィデント				
321	**essential** [ɪsénʃ(ə)l] イセンシャル				
322	**valuable** [vǽljəb(ə)l] ヴァリュアブル				

似ていて紛らわしい語をセットで覚える⑤　〈形が似ている〉

	見出し語	意味	書きこみ①	書きこみ②	書きこみ③
323	**employer** [ɪmplɔ́ɪər] インプロイァー				
324	**employee** [ɪmplɔ́ɪi:] インプロイィー				
325	**staff** [stæf] スタフ				
326	**stuff** [stʌf] スタフ				

似ていて紛らわしい語をセットで覚える⑥　〈形が似ている〉　📖 P.74

	見出し語	意味	書きこみ①	書きこみ②	書きこみ③
327	**daily** [déɪli] デイリィ				
328	**dairy** [déəri] デアリィ				
329	**economy** [ɪká(:)nəmi] イカノミィ				
330	**economic** [i:kəná(:)mɪk] イーコナミック				
331	**economical** [i:kəná(:)mɪk(ə)l] イーコナミカル				
332	**rise** [raɪz] ライズ				
333	**arise** [əráɪz] アライズ				
334	**raise** [reɪz] レイズ				
335	**law** [lɔ:] ロー				
336	**raw** [rɔ:] ロー				
337	**row** [rou] ロゥ				

316	あなたにとって結婚する**理想的な年齢**は何歳ですか。	What is your _____ **age** to get married?
317	高級レストランに行くときは，**適切な服装**をすべきです。	You should wear _____ **clothes** when you go to an expensive restaurant.
318	その物語に最も**適切な題名**を選びなさい。	Choose the most _____ **title** for the story.
319	仕事の面接にジーンズをはいて行くのは**適切**ではない。	**It is not** _____ **to wear** jeans to a job interview.
320	真理子はとても**自信に満ちた**英語話者だ[**自信を持って**英語を話す]。	Mariko is **a** very _____ **speaker** of English.
321	きれいな**水**は私たちの生活に**不可欠**だ。	Clean **water is** _____ for our life.
322	私の姉は婚約者からとても**価値のある**ダイヤの指輪をもらった。	My sister got **a** very _____ diamond **ring** from her fiancé.
323	**良い雇い主**がいたら，彼らのために働くのを楽しめるだろう。	If you have **good** _____, you can enjoy working for them.
324	この会社には多くの**若い従業員**がいる。	There are many **young** _____ in this company.
325	私のおじは ABC 社の**営業スタッフ**の一員だ。	My uncle is a member of the **sales** _____ at ABC company.
326	私の姉は通学かばんの中に**たくさんの物**を入れている。	My sister has **lots of** _____ in her schoolbag.
327	その店には**毎日**新鮮な野菜の**配達**がある。	There is **a** _____ **delivery** of fresh vegetables to the store.
328	私はチーズやヨーグルトなどの**乳製品**が好きだ。	I like _____ **foods**, such as cheese and yogurt.
329	**日本経済**は良くなっていると思いますか。	Do you think **the Japanese** _____ is getting better?
330	**経済**問題を解決することは，たいていとても難しい。	It is usually very difficult to solve _____ **problems**.
331	東京へ行くのに，電車を使うよりもバス**を使う**ほうがより**経済的**だ。	To go to Tokyo, **it is more** _____ **to take** a bus than a train.
332	昨年は**物価が 2 ％上がった**。	**Prices** _____ by 2% last year.
333	隣人間で問題が**発生する**こともある。	**Problems** can _____ between neighbors.
334	質問があれば，**手を上げて**ください。	If you have a question, please _____ **your hand**.
335	子どもたちを守るために，**新しい法律**が必要だ。	**New** _____ are necessary to protect children.
336	**生野菜**は加熱調理された野菜よりもより多くのビタミンを含んでいる。	_____ **vegetables** contain more vitamins than cooked vegetables.
337	その飛行機での私の座席は**2 列目**だった。	My seat was **in the second** _____ on the plane.

似ていて紛らわしい語をセットで覚える⑦ 〈発音が同じ〉　📖 P.76

	見出し語	意味	書きこみ①	書きこみ②	書きこみ③
338	mail [meɪl] メィル				
339	male [meɪl] メィル				
340	principle [prínsəp(ə)l] プリンシパル				
341	principal [prínsəp(ə)l] プリンシパル				
342	sow [soʊ] ソゥ				
343	sew [soʊ] ソゥ				
344	bare [beər] ベァー				
345	bear [beər] ベァー				

同じジャンルで覚える㉓ 頻度を表す副詞

	見出し語	意味	書きこみ①	書きこみ②	書きこみ③
346	constantly [kɑ́(:)nst(ə)ntli] カンスタントリィ				
347	frequently [fríːkwəntli] フリークウェントリィ				
348	occasionally [əkéɪʒ(ə)n(ə)li] アケィジョナリィ				

文法・語法との関連で覚える⑩ 目的語に動名詞を取る動詞(1)　📖 P.78

	見出し語	意味	書きこみ①	書きこみ②	書きこみ③
349	mind [maɪnd] マィンド				
350	consider [kənsídər] コンスィダー				
351	avoid [əvɔ́ɪd] アヴォィド				
352	practice [præktɪs] プラクティス				

文法・語法との関連で覚える⑪ 目的語に不定詞を取る動詞

	見出し語	意味	書きこみ①	書きこみ②	書きこみ③
353	promise [prɑ́(:)məs] プラミス				
354	expect [ɪkspékt] イクスペクト				
355	decide [dɪsáɪd] ディサィド				
356	mean [miːn] ミーン				
357	manage [mǽnɪdʒ] マニッジ				
358	afford [əfɔ́ːrd] アフォード				

338	すべての郵便局は**国際郵便**を扱っている。	All the post offices deal with **foreign** _____.
339	私の学校では，**男性の先生**の方が多い。	There are more _____ **teachers** at my school.
340	私は**主義として**，決して他人からお金を借りない。	I never borrow money from others **on** _____.
341	ジョーは『若草物語』の**主要な登場人物**の1人だ。	Jo is one of **the** _____ **characters** in *Little Women*.
342	今が**ニンジンの種をまく**時期だ。	Now is the time to _____ **carrots**.
343	私の祖母は手で**このドレスを縫って**くれた。	My grandmother _____ **this dress** by hand.
344	私はビーチを**素足**で歩くことが大好きだ。	I love walking on the beach **in** _____ **feet**.
345	私は酢の**においに耐え**られない。	I can't _____ **the smell** of vinegar.
346	自分のスマートフォンを**絶えずチェックしている**人もいる。	Some people are _____ **checking** their smartphones.
347	欧米諸国の生徒は授業で**頻繁に質問する**。	Students in Western countries _____ **ask questions** in class.
348	私の家族は**時折外食する**。	My family _____ **eats out**.
349	今夜は私が**夕食を作ってもいいよ**。	I _____ _____ _____ **dinner** tonight.
350	あなたは今までに**料理人になろうと考えた**ことはありますか。	Have you ever _____ _____ **a cook**?
351	父は過度な**塩分の摂取を避けている**。	My father _____ too much **salt**.
352	私は TOEFL 試験のために**英語を話す練習をし**なければならない。	I must _____ _____ **English** for the TOEFL test.
353	彼は翌朝に**帰ってくると約束した**。	He _____ ____ _____ the next morning.
	パーティーで**彼に会うと予想してい**たが，彼は来なかった。	I _____ ____ **him** at the party, but he didn't come.
354	私は**トム**が私を彼の結婚式に**招待してくれるのを期待している**。	I _____ **Tom** ____ _____ **me** to his wedding.
355	私は**中古車を買うと決めた**。	I have _____ ____ _____ **a** used **car**.
356	私は**あなたを驚かせるつもりは**ありませんでした。	I didn't _____ ____ _____ **you**.
357	彼らは**何とか**時間通りに**到着した**。	They _____ ____ _____ on time.
358	私はこの夏に海外**旅行をする余裕がない**。	I **can't** _____ ____ _____ abroad this summer.

似ていて紛らわしい語をセットで覚える⑧　〈意味が似ている〉　📖 P.80

	見出し語	意味	書きこみ①	書きこみ②	書きこみ③
359	**act** [ǽkt] アクト				
360	**behave** [bɪhéɪv] ビヘイブ				
361	**hate** [héɪt] ヘイト				
362	**dislike** [dɪsláɪk] ディスライク				
363	**hurry** [hə́ːri] ハーリィ				
364	**rush** [rʌ́ʃ] ラッシュ				
365	**excuse** [ɪkskjúːz] イクスキューズ				
366	**forgive** [fərgív] フォーギヴ				

スペリングに注目して覚える③　「…に向けて伸ばす」の意味の -tend を含む動詞

	見出し語	意味	書きこみ①	書きこみ②	書きこみ③
367	**intend** [ɪnténd] インテンド				
368	**pretend** [prɪténd] プリテンド				

同じジャンルで覚える㉔　提案・要求を表す動詞　📖 P.82

	見出し語	意味	書きこみ①	書きこみ②	書きこみ③
369	**recommend** [rèkəménd] レコメンド				
370	**suggest** [səgdʒést] サジェスト				
371	**demand** [dɪmǽnd] ディマンド				
372	**insist** [ɪnsíst] インシスト				
373	**propose** [prəpóʊz] プロポウズ				
374	**advise** [ədváɪz] アドヴァイズ				
375	**request** [rikwést] リクウェスト				
376	**require** [rikwáɪər] リクワィアー				

同じジャンルで覚える㉕　「助ける・守る」の意味を持つ語

	見出し語	意味	書きこみ①	書きこみ②	書きこみ③
377	**support** [səpɔ́ːrt] サポート				
378	**assist** [əsíst] アシスト				
379	**aid** [éɪd] エィド				
380	**protect** [prətékt] プロテクト				

359	火事を見たとき，彼はとてもすばやく行動し119番に電話した。	When he saw the fire, he _____ very **quickly** and called 119.
360	彼の子どもはいつも行儀良くふるまう。	His child always _____ **nicely**.
361	私は掃除が大嫌いだが，それをすべきだとはわかっている。	I _____ **cleaning**, but I know I should do it.
362	私はイヌが嫌いではないが，大きなイヌは怖い。	I don't _____ **dogs**, but I'm afraid of big dogs.
363	私たちは急ぐ必要はありません。十分な時間があります。	We don't **have to** _____. There is plenty of time.
364	私は大急ぎで学校に行ったが，最初の授業に遅れてしまった。	I _____ **to school**, but I was late for the first class.
365	こんなに遅くに電話したことを許してください。	_____ **me for** calling you so late.
366	この大切な会議に遅刻したことを許してください。	Please _____ **me for** being late for this important meeting.
367	私は昨夜早く寝るつもりだったが，忙し過ぎた。	I _____ **to go to bed early** last night, but I was too busy.
368	私はよく自分の部屋で勉強しているふりをする。	I often _____ **to be studying** in my room.
369	もしあなたが広島に行くならお好み焼きを食べることをお勧めします。	I _____ (**that**) **you eat** *okonomiyaki* if you go to Hiroshima.
370	その医者は彼にもっと野菜を食べるよう提案した。	The doctor _____ (**that**) **he eat** more vegetables.
371	裕福な人がもっと税金を払うことを要求する人もいる。	Some people _____ (**that**) **rich people pay** more tax.
372	私の両親は私が大学で法律を学ぶことを強く主張している。	My parents _____ (**that**) **I study** law at university.
373	彼はその問題を解決するために何をすることを提案しましたか。	What did he _____ **to do** to solve the problem?
374	その医者はもっと歩くよう私に助言した。	The doctor _____ **me to walk** more.
375	新型コロナウイルスが急速に広がっていたとき，人々は自宅にいるよう要請された。	People were _____ **to stay** home when COVID-19 was spreading quickly.
376	ホテルは明日の朝10時より前にチェックアウトするよう私たちに求めている。	The hotel _____ **us to check out** before 10 tomorrow morning.
377	君が学級委員長になったら，私はいつでも君を支持するよ。	If you become the class leader, I'll **always** _____ **you**.
378	彼のコーチは彼がオリンピックへの準備をするのを大いに手助けした。	His coach _____ **him** greatly **in preparing** for the Olympics.
379	その大きな地震のあと，多くの外国からの援助が届いた。	After the big earthquake, a lot of **foreign** _____ arrived.
380	動物は子どもを守るために攻撃する。	Animals will attack in order to _____ **their young**.

似ていて紛らわしい語をセットで覚える⑨　〈意味が似ている〉　📖 P.84

	見出し語	意味	書きこみ①	書きこみ②	書きこみ③
381	remember [rimémbər] リメンバー				
382	memorize [méməràɪz] メモライズ				
383	agree [əgríː] アグリィー				
384	approve [əprúːv] アプルーヴ				
385	beat [bíːt] ビート				
386	defeat [dɪfíːt] ディフィート				
387	explain [ɪkspléɪn] イクスプレィン				
388	describe [dɪskráɪb] ディスクライブ				

文法・語法との関連で覚える⑫　品詞による意味の違いに注意すべき語(2)

	見出し語	意味	書きこみ①	書きこみ②	書きこみ③
389	face [féɪs] フェィス				
390	head [héd] ヘッド				
391	train [tréɪn] トレィン				

文法・語法との関連で覚える⑬　2つの異なる意味に注意すべき語(1)　📖 P.86

	見出し語	意味	書きこみ①	書きこみ②	書きこみ③
392	appear [əpíər] アピアー				
393	miss [mɪs] ミス				
394	attend [əténd] アテンド				

同じジャンルで覚える㉖　「最近」の意味の副詞

	見出し語	意味	書きこみ①	書きこみ②	書きこみ③
395	recently [ríːs(ə)ntli] リーセントリィ				
396	lately [léɪtli] レィトリィ				
397	nowadays [ná(u)ədèɪz] ナゥアデイズ				

同じジャンルで覚える㉗　時に関する副詞(1)

	見出し語	意味	書きこみ①	書きこみ②	書きこみ③
398	gradually [grǽdʒu(ə)li] グラジュアリィ				
399	immediately [ɪmíːdiətli] イミーディアトリィ				
400	instantly [ínst(ə)ntli] インスタントリィ				

381	あなたは小学校の初日を思い出せますか。	Can you _____ **your first day** at elementary school?
382	明日の英語のテストのために100単語を暗記する必要がある。	I need to _____ **100 words** for our English test tomorrow.
383	私たちは沖縄に修学旅行に行くという先生の意見に同意しました。	We _____ **to the teacher's idea** of going to Okinawa as a school trip.
384	彼女の両親は彼女の結婚に賛成したのですか。	Did her parents _____ **of her marriage**?
385	サッカーワールドカップで，ブラジルは2－0でドイツに勝利した。	Brazil _____ **Germany** 2－0 in the Soccer World Cup.
386	私は負かされるのが嫌いなので，もう一度挑戦する。	I'll try again, because I **hate to be** _____.
387	この単語の使い方を説明してくれますか。	Can you _____ **how to use** this word?
388	この映画は第一次世界大戦中の人々の暮らしを描いている。	This movie _____ **people's lives** during the First World War.
389	人は普通，一生のうちに多くの問題に直面する。	People usually _____ many **problems** in life.
390	そのハリケーンはフロリダに向かっている。	The hurricane is _____ **for Florida**.
391	私たちのチームを訓練しているコーチは，以前は有名な野球選手だった。	The coach who _____ **our team** used to be a famous baseball player.
392	大きなダイヤの指輪を持っていたので，彼女はとても金持ちのように思えた。	She _____ **to be** very **rich** because she had a big diamond ring.
	建物の後ろから突然車が現れた。	A car suddenly _____ **from behind** the building.
393	私がニューヨークに来て2カ月がたった。両親がいなくてとても寂しい。	It has been two months since I came to New York. I _____ **my parents** so much.
	私はその時病気で入院していたので，コンサートに行くチャンスを逃した。	I _____ **the chance** to go to the concert because I was ill in the hospital then.
394	私は明日2つの会議に出席しなければならない。	I have to _____ two **meetings** tomorrow.
	教師は授業の準備だけでなく，多くのことを処理しなければならない。	Teachers have to _____ ____ **many things** as well as preparing lessons.
395	私は最近団体旅行でグアムを訪れた。	I **visited Guam** on a group tour _____.
396	忙しすぎるので，最近何も映画を見ていない。	I **haven't seen any movies** _____ because I have been too busy.
397	近頃では，手紙ではなくメールを出すのが普通です。	We usually **send e-mails** _____, not letters.
398	私はだんだんピアノを弾くのがうまくなっている。	I'm _____ **getting better** at playing the piano.
399	私は大学卒業後すぐに働き始めませんでした。留学したのです。	I didn't start to work _____ **after** I finished university. I studied abroad.
400	その薬を飲むと私の頭痛は即座に消えた。	My headache **disappeared** _____ when I took the medicine.

コロケーションで覚える⑧

📖 P.88

	見出し語	意味	書きこみ①	書きこみ②	書きこみ③
401	scientific [sà(ɪ)əntífɪk] サィエンティフィック				
402	experiment [ɪkspérɪmənt] イクスペリメント				
403	technical [téknɪk(ə)l] テクニカル				
404	term [tə:rm] ターム				
405	electronic [ɪlèktrɑ́(:)nɪk] イレクトラニック				
406	equipment [ɪkwípmənt] イクウィップメント				
407	rare [reər] レァ				
408	metal [mét(ə)l] メタル				

同じジャンルで覚える㉘ 調査や分析に関する語

	見出し語	意味	書きこみ①	書きこみ②	書きこみ③
409	examine [ɪgzǽmɪn] イグザミン				
410	analyze [ǽnəlàɪz] アナラィズ				
411	sort [sɔ:rt] ソート				
412	measure [méʒər] メジャー				
413	weigh [weɪ] ウェィ				

コロケーションで覚える⑨ 〈情報〉

📖 P.90

	見出し語	意味	書きこみ①	書きこみ②	書きこみ③
414	information [ìnfərméɪʃ(ə)n] インファーメィション				
415	technology [teknɑ́(:)lədʒi] テクナロジィ				
416	access [ǽkses] アクセス				
417	website [wébsàɪt] ウェブサィト				
418	attach [ətǽtʃ] アタッチ				
419	document [dɑ́(:)kjəmənt] ダキュメント				

スペリングに注目して覚える④ 「広い」の意味の broad を含む語

	見出し語	意味	書きこみ①	書きこみ②	書きこみ③
420	broad [brɔ:d] ブロード				
421	abroad [əbrɔ́:d] アブロード				
422	broadcast [brɔ́:dkæst] ブロードキャスト				

401 402	彼らは自分たちの**科学的実験**を通じていくつか面白い事実を知った。	They learned some interesting facts through their _____ _____.
403 404	**専門用語**を使うのを避けていたので，彼の説明はとても理解しやすかった。	His explanation was very easy to understand because he avoided using _____ _____.
405 406	**電子機器**は私たちの生活をより良くすると思いますか。	Do you think _____ _____ can make our lives better?
407 408	**レアメタル**はあなたの電話やコンピューターに使われている。	_____ _____ are used in your phone and computer.
409	その医者は**患者を診察した。**	The doctor _____ **the patient**.
410	私たちは注意深く**データを分析し**なければならない。	We have to _____ **the data** carefully.
411	これらの単語**を**アルファベット順に**並べ換えて**もらえますか。	Can you _____ these words **into** alphabetical order?
412	空港の周りではよく**騒音レベルがはかられる。**	**Noise levels are** often _____ around airports.
413	私のスーツケースは**20キロ**以上**の重さがある**かもしれない。	My suitcase may _____ over **20 kilograms**.
414 415	**情報技術**は私たちの生活をより便利にした。	_____ _____ has made our lives more convenient.
416 417	さらに詳しい情報については，次の**ウェブサイトにアクセスして**ください。	For more information, please _____ the following _____.
418 419	**添付の文書**をご覧ください。	Please see **the** _____ _____.
420	私たちは新しい人々に会うとき，**広い心**を保たなければいけない。	We need to keep **a** _____ **mind** when we meet new people.
421	もっと多くの日本の生徒が**外国に行って**異なる文化を体験すべきだ。	More students in Japan should **go** _____ to experience different cultures.
422	そのサッカーの試合は**生放送される。**	The soccer **game** will **be** _____ live.

学習日 ___月___日

同じジャンルで覚える㉙ 進歩を表す語 📖 P.92

	見出し語	意味	書きこみ①	書きこみ②	書きこみ③
423	progress [prά(ː)grəs] プラグレス				
424	advance [ədvǽns] アドヴァンス				
425	breakthrough [bréɪkθrùː] ブレイクスルー				

似ていて紛らわしい語をセットで覚える⑩ 〈意味が似ている〉

	見出し語	意味	書きこみ①	書きこみ②	書きこみ③
426	lie [laɪ] ライ				
427	lay [leɪ] レイ				
428	contain [kəntéɪn] コンテイン				
429	include [ɪnklúːd] インクルード				

スペリングに注目して覚える⑤ 「〜の方へ」の意味の -ward で終わる副詞

	見出し語	意味	書きこみ①	書きこみ②	書きこみ③
430	forward [fɔ́ːrwərd] フォーワード				
431	backward [bǽkwərd] バックワード				
432	afterward [ǽftərwərd] アフターワード				

同じジャンルで覚える㉚ 交通・旅行に関する語(1) 📖 P.94

	見出し語	意味	書きこみ①	書きこみ②	書きこみ③
433	wheel [(h)wiːl] ウィール				
434	steer [stɪər] スティアー				
435	lane [leɪn] レイン				
436	vehicle [víːək(ə)l] ヴィーアクル				
437	delay [dɪléɪ] ディレイ				
438	depart [dɪpάːrt] ディパート				
439	board [bɔːrd] ボード				
440	crew [kruː] クルー				
441	passenger [pǽsɪn(d)ʒər] パスィンジャー				

文法・語法との関連で覚える⑭ 複数の異なる意味に注意すべき語

	見出し語	意味	書きこみ①	書きこみ②	書きこみ③
442	character [kǽrəktər] キャラクター				
443	figure [fíg/ər] フィギュアー				
444	plant [plænt] プラント				

423	情報技術 (IT) では，毎日**進歩**がある。	_____ is **made** every day in information technology.
424	私は近年の科学の**進歩**に驚いている。	I am amazed at the _____ **of science** in recent years.
425	私はがん患者にとっての医学的**大発見**を望んでいる。	I wish for **a medical** _____ for cancer patients.
426	私はうちのネコが**ソファーに横になっている**のをよく見る。	I often see my cat _____ **on the sofa**.
427	彼女はベッドに**赤ちゃんを寝かせた**。	She _____ **the baby** on the bed.
428	このオレンジジュースには多くの**砂糖が含まれている**。	This orange juice _____ a lot of **sugar**.
429	このツアーには 5 つ星ホテルの**昼食が含まれている**。	This tour _____ **lunch** at a five-star hotel.
430	少し**前方**に移動していただけますか。	Could you **move** _____ a little, please?
431	フィギュアスケート選手は，ジャンプする前に**後ろ向き**に滑る。	Figure skaters **skate** _____ before they jump.
432	彼女はケーキを 3 つ食べて，**あとで**気分が悪くなった。	She ate three cakes and she **felt sick** _____.
433	"tri" は "3" を意味する。たとえば，三輪車には**車輪が 3 つある**。	"Tri" means "three." For example, a tricycle **has three** _____.
434	彼は**ボートを操縦して**岩から遠ざけようとした。	He tried to _____ **the boat** away from the rocks.
435	今私たちの街にはより多くの**バス専用車線**があります。	Our city has more **bus** _____ now.
436	ここから先，**車両**の進入は禁止されている。	**No** _____ **is allowed** beyond this point.
437	私の便は 3 時間以上**遅れた**。	**My flight was** _____ by over three hours.
438	東京行きの電車は 10 時 25 分に**3 番ホームから出発する**。	The train for Tokyo will _____ **from platform 3** at 10 : 25.
439	ゲートがすでに閉まっていたので，私は飛行機**に搭乗**できなかった。	I couldn't _____ **the plane** because the gate had already closed.
440	**客室乗務員**は座席についてください。	**Cabin** _____, take your seats.
441	ファーストクラスの**乗客**だけがそのラウンジを利用できる。	Only **first-class** _____ can use the lounge.
442	彼はその強い**性格**のおかげで成功を収めた指導者だった。	He was a successful leader because of his **strong** _____.
443	その**数字**は昨年海外旅行をした人の数**を示している**。	**The** _____ **shows** the number of people traveling abroad last year.
444	日本では春に**山菜**を食べることがある。	We sometimes eat **wild** _____ in spring in Japan.

コロケーションで覚える⑩   📖 P.96

	見出し語	意味	書きこみ①	書きこみ②	書きこみ③
445	**traffic** [trǽfik] トラフィック				
446	**jam** [dʒæm] ジャム				
447	**confirm** [kənfə́ːrm] コンファーム				
448	**reservation** [rèzərvéiʃ(ə)n] リザーヴェイション				
449	**safety** [séifti] セイフティ				
450	**standard** [stǽndərd] スタンダード				

文法・語法との関連で覚える⑮   後ろの前置詞とともに覚える動詞(1)〈to〉

	見出し語	意味	書きこみ①	書きこみ②	書きこみ③
451	**object** [əbdʒékt] アブジェクト				
452	**react** [riǽkt] リアクト				
453	**reply** [riplái] リプラィ				
454	**respond** [rispá(ː)nd] リスパンド				
455	**contribute** [kəntríbjuːt] コントリビュート				

同じジャンルで覚える㉛   「個別」を表す形容詞   📖 P.98

	見出し語	意味	書きこみ①	書きこみ②	書きこみ③
456	**individual** [ìndɪvídʒu(ə)l] インディヴィジュアル				
457	**separate** [sép(ə)rət] セパレト				
458	**specific** [spəsífɪk] スペスィフィック				
459	**private** [práɪvət] プラィヴェト				
460	**sole** [soul] ソゥル				

同じジャンルで覚える㉜   物の一部分を表す名詞

	見出し語	意味	書きこみ①	書きこみ②	書きこみ③
461	**surface** [sə́ːrfəs] サーフェス				
462	**edge** [edʒ] エッジ				
463	**corner** [kɔ́ːrnər] コーナー				
464	**tip** [tɪp] ティップ				
465	**side** [saɪd] サィド				
466	**top** [tɑ(ː)p] タップ				
467	**bottom** [bá(ː)təm] バトム				

445 446	この通りでは朝はいつも**交通渋滞**が深刻だ。	_____ _____ on this street are always serious in the morning.
447 448	今月20日の**予約を確認し**たいのですが。	I'd like to _____ my _____ for the 20th of this month.
449 450	近頃では多くのドライバーが車の**安全基準**について気にしている。	Many drivers are conscious about **the** _____ _____ for cars nowadays.
451	両親は歌手になりたいという私の考えに**反対した。**	My parents _____ ____ **my idea** of becoming a singer.
452	家族はあなたの知らせにどう**反応した**のですか。	How did your family _____ ____ **your news**?
453	彼はたいてい早急に私のメール**に返事をくれる。**	He usually _____ ____ **my e-mails** very quickly.
454	彼は助けを求める私の要請**に応じな**かった。	He didn't _____ ____ **my request** for help.
455	ジョーンズ博士は脳の研究**に貢献し**てきた。	Dr. Jones has _____ ____ **the study** of the brain.
456	私のクラスでは**一人ひとりの**生徒がプレゼンテーションをしなければならない。	_____ **students** in my class need to make presentations.
457	ニュージーランドは**2つの別々の島**から成る。	New Zealand is made up of **two** _____ **islands**.
458	おもちゃはしばしば**特定の年齢層**に向けてデザインされる。	Toys are often designed for _____ **age groups**.
459	その雑誌はその歌手の**私生活**について報道した。	The magazine reported on the _____ **life** of the singer.
460	彼はフランス料理について学ぶことを**唯一の目的**としてフランスに行った。	He went to France with **the** _____ **purpose** of learning about French food.
461	**地球の表面**のうち，陸地はほんの30％しかない。	Only 30% of **the earth's** _____ is land.
462	**崖のふち**に近寄らないでください。	Please keep away from **the** _____ **of the cliff**.
463	**すみ**にあるあのテーブルに座ってもいいですか。	Could we sit at that table **in the** _____?
464	私のネコは白いが，**しっぽの先端**は黒い。	My cat is white, but **the** _____ **of its tail** is black.
465	紙の**裏側**にさらに問題があります。	There are more questions on **the other** _____ of the paper.
466	**山頂**は雲の中だった。	**The** _____ **of the mountain** was in the clouds.
467	**下から5行目**を見てください。	Look at **the fifth line from the** _____.

反対の意味を持つ語をセットで覚える② 〈形容詞〉 📖 P.100

	見出し語	意味	書きこみ①	書きこみ②	書きこみ③
468	**awake** [əwéɪk] アウェイク				
469	**asleep** [əslíːp] アスリープ				
470	**tight** [taɪt] タイト				
471	**loose** [luːs] ルース				
472	**major** [méɪdʒər] メイジャー				
473	**minor** [máɪnər] マイナー				

似ていて紛らわしい語をセットで覚える⑪ 〈意味が似ている〉

	見出し語	意味	書きこみ①	書きこみ②	書きこみ③
474	**quantity** [kwά(ː)ntəti] クワンティティ				
475	**amount** [əmáunt] アマウント				
476	**sorrow** [sɔ́ːrou] ソーロウ				
477	**despair** [dɪspéər] ディスペアー				
478	**gift** [gɪft] ギフト				
479	**talent** [tǽlənt] タレント				

反対の意味を持つ語をセットで覚える③ 📖 P.102

	見出し語	意味	書きこみ①	書きこみ②	書きこみ③
480	**float** [flout] フロゥト				
481	**sink** [sɪŋk] スインク				
482	**freeze** [friːz] フリーズ				
483	**melt** [melt] メルト				
484	**hide** [haɪd] ハイド				
485	**seek** [siːk] スィーク				

文法・語法との関連で覚える⑯ 〈a＋名詞＋of ...〉の形でよく用いる名詞(1)

	見出し語	意味	書きこみ①	書きこみ②	書きこみ③
486	**sum** [sʌm] サム				
487	**series** [síəriːz] スィリーズ				
488	**range** [reɪn(d)ʒ] レインジ				
489	**couple** [kʌ́p(ə)l] カプル				
490	**quarter** [kwɔ́ːrtər] クォーター				

468	私がとても遅くに帰宅したとき，母はまだ**起きていた**。	My mother **was still** _____ when I came home very late.
469	私は昨夜テレビを見ている間に**眠りに落ちて**しまった。	I **fell** _____ while watching TV last night.
470	今後2週間は**スケジュールが詰まっている**。	I have **a** _____ **schedule** for the next two weeks.
471	このジーンズは少し**ゆるい**ので，私はベルトをしなければならない。	These **jeans are** a little _____, so I need to wear a belt.
472	オークランドはニュージーランドの**主要な都市**です。	Auckland is **a** _____ **city** in New Zealand.
473	報告書には**小さな間違い**が少しあった。	There were a few _____ **mistakes** in the report.
474	私はたくさんコーヒーを飲む。私にとっては質よりも**量が重要**だ。	I drink a lot of coffee. _____ **is** more **important** than quality to me.
475	私は昨日降った**雪の量**にとても驚いた。	I was very surprised at **the** _____ **of snow** that fell yesterday.
476	多くの人々が，その女優の死に**大きな悲しみ**を感じた。	Many people felt **great** _____ at the actress's death.
477	エミリーは彼女のイヌが死んだときに**絶望した**。	Emily **was in** _____ when her dog died.
478	彼はとても若いときに芸術の**才能**を示した。	He showed **his** _____ **for art** when he was very young.
479	彼女にはすばらしい**音楽の才能**がある。	She has **a** great _____ **for music**.
480	ジャガイモは**水に浮く**と思いますか。	Do you think a potato can _____ **in water**?
481	新鮮な卵は**水に沈む**と聞いたことがある。	I've heard that fresh eggs _____ **in water**.
482	私たちの家の近くの湖は，冬にはいつも**凍る**。	The lake near our house always _____ **in winter**.
483	**バターが溶けた**ら，マッシュルームを数分いためてください。	After **the butter** _____, fry the mushrooms for a few minutes.
484	しかられると思ったので，その子は彼の両親から**隠れた**。	The child _____ **from his parents** because he thought he would be scolded.
485	川が氾濫したとき，人々は丘に**安全な場所を探し求めた**。	People _____ **safety** in the hills when the river flooded.
486	**多額のお金**を財布に入れるべきではない。	You should not put **a large** _____ **of money** in your wallet.
487	その著者はシルクロードに関する**一連の書物**を著した。	The writer wrote ___ _____ ____ **books** about the Silk Road.
488	この大学は**幅広い領域**の講座を提供している。	This college offers **a wide** _____ **of** courses.
489	私は今日の昼食に**2枚のクラッカー**を食べただけだ。	I ate only ___ _____ ____ **crackers** for lunch today.
490	その番組はあと**15分**で始まる。	The program will start in ___ _____ ____ **an hour**.

学習日 ＿＿＿＿月＿＿＿日

同じジャンルで覚える㉝　物に変化を及ぼす意味を持つ動詞　📖 P.104

	見出し語	意味	書きこみ①	書きこみ②	書きこみ③
491	fold [fould] フォゥルド				
492	tie [taɪ] タィ				
493	bend [bend] ベンド				
494	reverse [rɪvə́ːrs] リヴァース				
495	press [pres] プレス				
496	stretch [stretʃ] ストレッチ				
497	polish [pá(ː)lɪʃ] パリッシュ				
498	scratch [skrætʃ] スクラッチ				
499	bury [béri] ベリィ				

スペリングに注目して覚える⑥　-th で終わる名詞

	見出し語	意味	書きこみ①	書きこみ②	書きこみ③
500	truth [truːθ] トゥルース				
501	growth [grouθ] グロゥス				
502	strength [streŋθ] ストレングス				

同じジャンルで覚える㉞　液体に関する動詞 (1)　📖 P.106

	見出し語	意味	書きこみ①	書きこみ②	書きこみ③
503	flow [flou] フロゥ				
504	absorb [əbzɔ́ːrb] アブゾーブ				
505	pour [pɔːr] ポー				
506	spill [spɪl] スピル				

スペリングに注目して覚える⑦　「超えて・覆って」の意味の over- で始まる語

	見出し語	意味	書きこみ①	書きこみ②	書きこみ③
507	overseas [óuvərsìːz] オゥヴァースィーズ				
508	overall [óuv(ə)rɔ̀ːl] オゥヴァーロール				
509	overcome [òuvərkám] オゥヴァーカム				
510	overtake [òuvərtéɪk] オゥヴァーテイク				

文法・語法との関連で覚える⑰　注意すべき前置詞・副詞

	見出し語	意味	書きこみ①	書きこみ②	書きこみ③
511	besides [bɪsáɪdz] ビサィズ				
512	beside [bɪsáɪd] ビサィド				
513	otherwise [ʌ́ðərwàɪz] アザーワィズ				
514	via [vá(ɪ)ə] ヴァィァ				

491	このように紙を半分に折ってください。	_____ the paper in half like this.
492	料理の前に私は髪を後ろで束ねた。	I _____ my hair back before cooking.
493	私の祖父は今は簡単にひざを曲げられない。	My grandfather can't _____ his knees easily now.
494	私の上司は東京にオフィスを移すという彼の決断を覆した。	My boss has _____ his decision to move our office to Tokyo.
495	7階行きのボタンを押してもらえますか。	Can you _____ the button for the seventh floor, please?
496	その映画館では足を伸ばす十分な空間がなかった。	There wasn't enough room to _____ my legs in the movie theater.
497	時々息子が私の靴を磨いてくれる。	My son sometimes _____ my shoes.
498	考え事をしているとき，オリバーはよく頭をかく。	Oliver often _____ his head when he is thinking.
499	リスはよく地面に木の実を埋める。	Squirrels often _____ nuts in the ground.
500	彼は真実を話していると思いますか。	Do you think he is telling the _____?
501	来年は2％の経済成長が期待される。	A 2% economic _____ is expected next year.
502	その重量挙げ選手は彼の力を示し，銀メダルを獲得した。	The weightlifter showed his _____ and got a silver medal.
503	信濃川は日本海に流れ込む。	The Shinano River _____ into the Sea of Japan.
504	このタオルは非常によく水を吸収できる。	This towel can _____ water very well.
505	グラスに水をつぎましょうか。	Shall I _____ you a glass of water?
506	私は白いスカートにコーヒーをこぼしてしまった。	I _____ coffee on my white skirt.
507	私はよく新聞で海外のニュースを読みます。	I often read _____ news in the newspaper.
508	今年，全体的なテスト結果は去年より高い。	This year, the _____ test results are higher than last year.
509	彼は有名な俳優になるために多くの困難を乗り越えた。	He _____ many difficulties to become a famous actor.
510	とても速いスポーツカーが私の車を追い抜いた。	A very fast sports car _____ my car.
511	英語に加えて，彼はフランス語も話す。	_____ English, he also speaks French.
512	私たちはレストランで窓のそばのテーブルに座った。	We sat at the table _____ the window in the restaurant.
513	今宿題をしなさい，そうしないとあとでテレビが見られないよ。	Do your homework now, _____ you can't watch TV later.
514	アイルランドの友達を訪ねるため，私たちはパリ経由でダブリンに飛んだ。	We flew to Dublin _____ Paris to visit my Irish friend.

基本動詞で表す表現 〈have を用いた表現〉　　📖 P.108

	見出し語	意味	書きこみ
515	have a dream		①
			②
516	have a wonderful time		①
			②
517	have a baby		①
			②
518	have a reservation		①
			②
519	have a cold		①
			②
520	have no idea		①
			②
521	have a lot in common (with A)		①
			②
522	have something to do with A		①
			②

基本動詞で表す表現 〈turn を用いた表現〉

	見出し語	意味	書きこみ
523	turn on/off A [A on/off]		①
			②
524	turn up/down A [A up/down]		①
			②
525	turn up		①
			②

515	私は昨夜とても奇妙な**夢を見た**。	I _____ ___ very strange _____ last night.
516	フランスにスキーに行ったとき，私たちは**すばらしい時間を過ごした**。	We _____ ___ _____ _____ when we went skiing in France.
517	マークとケリーには先月**子どもが生まれた**。	Mark and Kelly _____ ___ _____ last month.
518	私たちは8時にディナーの**予約をしている**。	We _____ __ _____ for dinner at eight o'clock.
519	私はひどい**風邪をひいていて**鼻水が出ます。	I _____ ___ bad _____ and my nose is running.
520	私はどこで鍵をなくしたか**まったくわからない**。	I _____ _____ _____ where I lost my keys.
521	ガールフレンドと僕は**多くの共通点がある**。	My girlfriend and I _____ __ _____ ___ _____.
522	彼の仕事は IT**と何らかの関係がある**。	His job _____ _____ _____ ___ _____ IT.
523	私の母はいつも，私が見ていない間はテレビ**を消す**ようにと言う。	My mother always tells me to _____ _____ the TV while I'm not watching.
524	テレビの音**を小さく**しなさい。お母さんが電話で話しているから。	_____ _____ the TV. Your mother is talking on the phone.
525	彼は会議に**姿を現さな**かった。	He didn't _____ _____ at the meeting.

基本動詞で表す表現 〈make を用いた表現〉(1)

📖 P.110

	見出し語	意味	書きこみ
526	make a speech		① ②
527	make an excuse		① ②
528	make an effort		① ②
529	make a decision		① ②
530	make an appointment		① ②
531	make a reservation		① ②
532	make an impression		① ②
533	make a difference		① ②
534	make a mistake		① ②
5353	make friends (with A)		① ②
536	make sense		① ②

526	私たちが韓国の学校を訪れたとき、私は英語で**スピーチをした**。	When we visited a school in Korea, I _____ __ _____ in English.
527	サムは学校に遅刻した**言い訳をした**。	Sam _____ ____ _____ for being late to school.
528	彼女は毎日10個の新しい単語を覚える**努力をした**。	She _____ ____ _____ to learn 10 new words every day.
529	私たちは来年どの講座をとるか**決め**なければならない。	We need to _____ __ _____ about which course to take next year.
530	私は歯医者の診察の**予約を取った**。	I_____ _____ ____ _____ to see the dentist.
531	明日の晩のディナーは何時に**予約を取る**べきでしょうか。	What time shall I _____ __ _____ for dinner for tomorrow evening?
532	就職の面接では，良い**印象を与える**ように心がけましょう。	In a job interview, try to _____ __ good _____.
533	毎日30分歩くことは、健康にとって(良い)**違いを生む**。	Walking for 30 minutes every day can _____ __ _____ to your health.
534	私は**間違って**空港に向かうのに違う電車に乗った。	I _____ __ _____ and took the wrong train to the airport.
535	転校したとき、私はすぐに新しいクラスメイト**と友達になった**。	When I changed schools, I quickly _____ _____ my new classmates.
536	直訳は**意味が通らない**ときがある。	Direct translations sometimes do not _____ _____.

〈動詞＋A＋前置詞＋B〉の形を取る表現（2）　　📖 P.112

	見出し語	意味	書きこみ
537	treat A as B		①
			②
538	order A from B		①
			②
539	compare A with[to] B		①
			②
540	share A with B		①
			②
541	connect A with[to] B		①
			②

基本動詞で表す表現　〈look を用いた表現〉

	見出し語	意味	書きこみ
542	look forward to *doing* [名詞]		①
			②
543	look up A[A up]		①
			②
544	look into A		①
			②
545	look through A [A through]		①
			②
546	look over A[A over]		①
			②
547	look up to A		①
			②

537	私は今や18歳なのだから，両親は私を子ども**として扱う**べきではない。	My parents should not _____ me _____ a child because I am now 18.
538	本を店かウェブサイト**で注文する**ことができます。	You can _____ the book _____ the store, or from a website.
539	あなたの答え**と**模範解答**を比べて**ください。	Please _____ your answers _____ the model answers.
540	マックス，あなたはチョコレート**を**妹**に分けてあげた**の？	Max, did you _____ the chocolate _____ your sister?
541	そのトンネルはイギリス**と**フランス**をつないでいる。**	The tunnel _____ Britain _____ France.
542	私はまたあなたに**会えるのを**本当に**楽しみにしています。**	I _____ really _____ _____ _____ _____ you again.
543	もしこれらの単語がわからなければ，辞書で**それを調べ**なさい。	If you don't know these words, _____ **them** _____ in your dictionary.
544	警察はその事故**を調査している。**	The police _____ _____ _____ the accident.
545	古い手紙**に目を通していた**ときに私はこの写真を見つけた。	I found this photo when I _____ _____ _____ some old letters.
546	今週末までに私のレポート**にざっと目を通して**いただけますか。	Could you _____ _____ my report by the end of this week?
547	彼は彼の兄をいつも**尊敬していた。**	He always _____ _____ _____ his older brother.

〈動詞＋前置詞／副詞〉の表現(1)　📖 P.114

	見出し語	意味	書きこみ
548	pick up A[A up]		①
			②
549	bring up A[A up]		①
			②
550	stay up		①
			②
551	let down A[A down]		①
			②
552	break down		①
			②
553	get over A		①
			②
554	run away		①
			②
555	throw away A[A away]		①
			②

2語が1つの前置詞として働く語句(句前置詞)

	見出し語	意味	書きこみ
556	instead of A		①
			②
557	according to A		①
			②
558	along with A		①
			②
559	because of A		①
			②

548	明日の朝，何時にあなた**を車で迎えに行き**ましょうか。	What time shall I _____ **you** _____ tomorrow morning?
549	私は田舎で子ども**を育て**たい。	I would like to _____ _____ my children in the countryside.
550	コンピューターゲームをして遅くまで**起きている**生徒もいる。	Some students _____ _____ late playing computer games.
551	太郎はチーム**をがっかりさせ**たくなかったので，一生懸命練習した。	Taro didn't want to _____ his team _____, so he practiced very hard.
552	車は山の中腹で**故障して動かなくなった**。	The car _____ _____ halfway up the mountain.
553	女王が夫の死**から立ち直る**ことはなかった。	The queen never _____ _____ the death of her husband.
554	その男は警察から**逃げ**ようとしたが，彼ら（警察）は彼に追いついた。	The man tried to _____ _____ from the police, but they caught up with him.
555	その新聞**を捨て**ないで。私はまだ読んでいないから。	Don't _____ the newspaper _____. I haven't read it yet.
556	昨日の放課後，私は勉強する**代わりに**買い物に行った。	I went shopping _____ _____ studying after school yesterday.
557	今日の新聞**によると**，日本の教師の多くは忙しすぎる。	_____ _____ today's newspaper, many teachers in Japan are too busy.
558	すべての宿題**に加えて**，読書感想文を書かないといけない。	_____ _____ all my homework, I have to write a book report.
559	雪**のせいで**，多くのフライトが運休になった。	_____ _____ the snow, many flights were canceled.

提案・依頼・許可を表す表現

P.116

	見出し語	意味		書きこみ
560	How[What] about *doing*[名詞]？		①	
			②	
561	Why don't you *do*?		①	
			②	
562	Would you like to *do*?		①	
			②	
563	Would you mind if S+V？		①	
			②	
564	Would you mind *doing*?		①	
			②	
565	I was wondering if you could[would] *do*		①	
			②	

意思や気持ちを伝える表現

	見出し語	意味		書きこみ
566	I hope (that) S+V		①	
			②	
567	I wish (that) S+V		①	
			②	
568	would rather *do* (than *do*)		①	
			②	
569	I'm glad (that) S+V		①	
			②	
570	I'm sorry (that) S+V		①	
			②	

560	天気の良い日ですね。庭で昼ご飯を**食べるのはどうですか**。	It's a nice day. _____ _____ _____ lunch in the garden?
561	イギリスに行ったら「フィッシュアンドチップス」**を食べてみてはどうですか**。	_____ _____ _____ _____ "fish and chips" when you go to Britain?
562	前菜**を召しあがりませんか**。	_____ _____ _____ _____ a starter?
563	窓を閉めても**構わないでしょうか**。	_____ _____ _____ ___ I close the window?
564	私のオフィスの外で少し**お待ちいただいても構いませんか**。	_____ _____ _____ for a while outside my office?
565	私の仕事**を手伝っていただけないでしょうか**。	— _____ _____ _____ _____ me with my work.
566	あなたが私たちのパーティーに来ら**れたらいいなと思う**。	— _____ you can come to our party.
567	あなたのパーティーに行け**たらいいのですが**，残念ながら行けません。	— _____ I could come to your party, but I'm afraid I can't.
568	テレビ**を見るよりむしろ本を読みたい**。	I _____ _____ _____ a book _____ _____ TV.
569	コートを持ってきて**よかった**。今日はとても寒い。	_____ _____ (**that**) I brought my coat. It's so cold today.
570	ジェームスが私たちの結婚式に来られなくて**残念だ**。	_____ _____ (**that**) James can't come to our wedding.

学習日 ＿＿＿月＿＿＿日

同じジャンルで覚える㉟ 学校・大学に関する語　📖 P.120

	見出し語	意味	書きこみ①	書きこみ②	書きこみ③
571	academic [ækədémɪk] アカデミック				
572	elementary [èlɪmént(ə)ri] エリメンタリィ				
573	lecture [léktʃər] レクチャー				
574	department [dɪpáːrtmənt] ディパートメント				
575	semester [səméstər] セメスター				
576	professor [prəfésər] プロフェサー				

反対の意味を持つ語をセットで覚える④

	見出し語	意味	書きこみ①	書きこみ②	書きこみ③
577	senior [síːnjər] スィーニァー				
578	junior [dʒúːnjər] ジューニァー				
579	youth [juːθ] ユース				
580	elderly [éldərli] エルダァーリィ				
581	introduction [ìntrədʌ́kʃ(ə)n] イントロダクション				
582	conclusion [kənklúːʒ(ə)n] コンクルージョン				

コロケーションで覚える⑪ 〈教育〉　📖 P.122

	見出し語	意味	書きこみ①	書きこみ②	書きこみ③
583	educational [èdʒəkéɪʃ(ə)n(ə)l] エジュケィショナル				
584	background [bǽkɡràund] バックグラウンド				
585	average [ǽv(ə)rɪdʒ] アヴェリィジ				
586	score [skɔːr] スコー				
587	kindergarten [kíndərgàːrt(ə)n] キンダーガートゥン				
588	pupil [pjúːp(ə)l] ピュープル				

スペリングに注目して覚える⑧ 「再び」の意味の re- で始まる語(1)

	見出し語	意味	書きこみ①	書きこみ②	書きこみ③
589	review [rivjúː] リヴュー				
590	regret [rigrét] リグレット				
591	remove [rimúːv] リムーヴ				
592	reform [rifɔ́ːrm] リフォーム				
593	recover [rikʌ́vər] リカヴァー				

571	学問的な研究だけでなく，私たちには経験が必要である。	As well as _____ **studies**, we need experience.
572	私の母は，**初歩の**スペイン語**クラス**に通っている。	My mother is attending **an** _____ Spanish **class**.
573	小川先生は数学についておもしろい**講義をする。**	Mr. Ogawa **gives** interesting _____ on mathematics.
574	彼は**フランス語学科**の教師だ。	He is a teacher in **the French** _____.
575	多くの国で9月に1**学期**が始まる。	The first _____ **starts** in September in many countries.
576	ブラウン先生は日本**文学の教授**だ。	Mr. Brown is **a** _____ of Japanese **literature**.
577	亜樹は大学で**彼の**2年**先輩**だった。	Aki **was** two years _____ **to him** at university.
578	ルーシーの夫は会社で彼女の**後輩**だった。	Lucy's husband **was** _____ **to her** in the company.
579	**今日の若者たち**はスマートフォンなしで生活するのに困難を感じる。	**The** _____ **of today** find it difficult to live without smartphones.
580	この都市では**お年寄り**はバスが**無料**だ。	Buses **are free for the** _____ in this city.
581	この本の**序論**は面白い。	**The** _____ **of this book** is interesting.
582	彼のスピーチは上手な**結論で締めくくられた。**	His speech **ended with a** good _____.
583 584	**学歴**は必ずしも就職に必要ではない。	_____ _____ is not always needed to get a job.
585 586	英語のテストの**平均点**は57点だった。	**The** _____ _____ on the English test was 57.
587 588	**幼稚園児**はとても早く言葉を覚えることができる。	_____ _____ can learn languages very quickly.
589	宿題として，私は今日の英語の授業で**学んだことを復習した。**	As homework, I _____ **what I learned** in today's English lesson.
590	私は若いときに他の外国語を学ばな**かったことを後悔している。**	I _____ **not learning** another foreign language when I was young.
591	**この文を取り除け**ばあなたの論文はもっと良くなります。	Your paper will be better if you _____ **this sentence**.
592	近年教育**システムが改革された。**	**The** education **system was** _____ recently.
593	ケイトはインフルエンザから**回復し**つつあるので来週学校に戻ってくる。	Kate is _____ **from the flu**, so she will be back at school next week.

学習日 ＿＿＿＿月＿＿＿日

コロケーションで覚える⑫

📖 P.124

	見出し語	意味	書きこみ①	書きこみ②	書きこみ③
594	**outline** [áutlàin] アゥトラィン				
595	**essay** [éseɪ] エセィ				
596	**follow** [fɑ́(ː)lou] ファロゥ				
597	**instruction** [ɪnstrʌ́kʃ(ə)n] インストラクション				
598	**previous** [príːviəs] プリーヴィアス				
599	**paragraph** [pǽrəgræf] パラグラフ				
600	**common** [kɑ́(ː)mən] カモン				
601	**language** [lǽŋgwɪdʒ] ラングウィジ				
602	**typical** [típɪk(ə)l] ティピカル				
603	**example** [ɪgzǽmp(ə)l] イグザンプル				
604	**capital** [kǽpət(ə)l] キャピタル				
605	**letter** [létər] レター				

同じジャンルで覚える㊱ エッセイ（小論文）に関連する語

📖 P.126

	見出し語	意味	書きこみ①	書きこみ②	書きこみ③
606	**summarize** [sʌ́məràɪz] サマライズ				
607	**theme** [θiːm] スィーム				
608	**logical** [lɑ́(ː)dʒɪk(ə)l] ラジカル				
609	**phrase** [freɪz] フレィズ				
610	**passage** [pǽsɪdʒ] パスィッジ				

文法・語法との関連で覚える⑱ 程度を表す副詞 (1)

	見出し語	意味	書きこみ①	書きこみ②	書きこみ③
611	**relatively** [rélətɪvli] レラティヴリィ				
612	**nearly** [níərli] ニアーリィ				
613	**completely** [kəmplíːtli] コンプリートリィ				
614	**partly** [pɑ́ːrtli] パートリィ				
615	**mostly** [móus(t)li] モゥストリィ				

文法・語法との関連で覚える⑲ 品詞の違いに注意すべき語

	見出し語	意味	書きこみ①	書きこみ②	書きこみ③
616	**unless** [ənlés] アンレス				
617	**unlike** [ʌ̀nláɪk] アンラィク				

594 595	先生は私たちに**小論文**の**概略**を書くように言った。	The teacher told us to write **an** _____ **of** our _____.
596 597	**指示に従って**質問に答えなさい。	_____ **the** _____ and answer the questions.
598 599	**前の段落**で，私はテレビを見ることの良い点について書いた。	In **the** _____ _____, I wrote about the good points of watching TV.
600 601	英語は国際コミュニケーションのための**共通の言語**である。	English is **a** _____ _____ for international communication.
602 603	日本の生徒がする**典型的な**間違いの**例**は何ですか。	What is **a** _____ _____ of errors Japanese students make?
604 605	月の名前は**大文字**で始まらなければならない。	The name of a month has to start with **a** _____ _____.
606	今日の宿題は100語でその物語**を要約する**ことだ。	Today's homework is to _____ **the story** in 100 words.
607	小論文には興味深い**テーマ**を選んだほうがよい。	You should choose **an interesting** _____ for your essay.
608	このクラスでは私たちは**論理的な小論文**の書き方を学ぶ。	In this class, we learn how to write **a** _____ **essay**.
609	ペルーに行く前にスペイン語の**便利な表現**をいくつか学んだ。	I learned some **useful** Spanish _____ before I went to Peru.
610	入学試験で私たちは難しい**文章**を読まなければならない。	In the entrance exams, we have to read **difficult** _____.
611	英語と似ているので，アメリカ人にとってドイツ語を学ぶことは**比較的容易**だ。	Learning German **is** _____ **easy** for Americans, because it's similar to English.
612	徒歩で登校中，**車が危うく私をひきかけた。**	**A car** _____ **hit me** when I was walking to school.
613	マラソンのあと，私は**完全に疲れ果てていた。**	After the marathon, I **was** _____ **exhausted**.
614	彼に間違った時間を伝えてしまった。彼が遅れたのは**一部には私の責任**だ。	It **was** _____ **my fault** that he was late. I told him the wrong time.
615	日本では科学者と政治家の**大部分が男性**だ。	Scientists and politicians in Japan **are** _____ **men**.
616	雪が降ら**ない限り**，私たちの修学旅行は中止にならない。	Our school trip won't be cancelled _____ **it snows**.
617	**兄とは違って**，私は数学が苦手だ。	_____ **my brother**, I'm not good at math.

同じジャンルで覚える㊲ エッセイライティングで用いる語   📖 P.128

	見出し語	意味	書きこみ①	書きこみ②	書きこみ③
618	therefore [ðéərfɔ̀ːr] ゼアーフォー				
619	moreover [mɔːróuvər] モーアオゥヴァー				
620	furthermore [fə́ːrðərmɔ̀ːr] ファーザーモー				
621	however [hauévər] ハゥエヴァー				
622	nevertheless [nèvərðəlés] ネヴァーザレス				

同じジャンルで覚える㊳ 言語・文学に関する語

	見出し語	意味	書きこみ①	書きこみ②	書きこみ③
623	pronounce [prənáuns] プロナゥンス				
624	vocabulary [voukǽbjəlèri] ヴォゥキャビュレリィ				
625	meaning [míːnɪŋ] ミーニング				
626	native [néɪtɪv] ネィティヴ				
627	fluent [flú(ː)ənt] フルーエント				
628	formal [fɔ́ːrm(ə)l] フォーマル				
629	fiction [fíkʃ(ə)n] フィクション				

同じジャンルで覚える㊴ 認識・判断を表す語   📖 P.130

	見出し語	意味	書きこみ①	書きこみ②	書きこみ③
630	doubt [daut] ダゥト				
631	wonder [wʌ́ndər] ワンダー				
632	interpret [ɪntə́ːrprət] インタープレット				
633	recognize [rékəgnàɪz] レコグナィズ				
634	realize [ríːəlàɪz] リーアライズ				

同じジャンルで覚える㊵ 主張・訴えを表す動詞

	見出し語	意味	書きこみ①	書きこみ②	書きこみ③
635	claim [kleɪm] クレィム				
636	argue [ɑ́ːrgjuː] アーギュー				
637	appeal [əpíːl] アピール				
638	complain [kəmpléɪn] コンプレィン				

文法・語法との関連で覚える⑳ 目的語に動名詞を取る動詞(2)

	見出し語	意味	書きこみ①	書きこみ②	書きこみ③
639	deny [dɪnáɪ] ディナィ				
640	postpone [pous(t)póun] ポゥストポゥン				

618	朝食はとても重要な食事だ。**従って,**私たちはそれを抜くべきではない。	Breakfast is a very important meal. ＿＿＿＿＿＿＿＿＿＿, we should not skip it.
619	カズオ・イシグロは有名な作家だ。**その上,** 彼はノーベル賞受賞者だ。	Kazuo Ishiguro is a famous writer. ＿＿＿＿＿＿＿＿＿＿, he is a Nobel prize winner.
620	彼の小論文はよく書けている。**しかも,** 読み易い。	His essay is well written. ＿＿＿＿＿＿＿＿＿＿, it is easy to read.
621	インターネットは便利だ。**しかし,** そこには間違った情報も多くある。	The Internet is useful. ＿＿＿＿＿＿＿＿, there is a lot of wrong information there, too.
622	朝食を取ることは大事だ。**にもかかわらず,** 私はよく朝食を抜いてしまう。	Having breakfast is important. ＿＿＿＿＿＿＿＿＿＿, I often miss it.
623	私は今日Lの音とRの音**を発音する**やり方を習った。	I learned how to ＿＿＿＿＿＿＿＿ the "L" sound and the "R" sound today.
624	私の姉はとても**豊富な**英語の**語彙**を持っている。	My sister has **a** very **large** English ＿＿＿＿＿＿＿＿.
625	単語の多くは**2つ以上の意味**を持つ。	Many words **have two** ＿＿＿＿＿＿＿＿ or more.
626	私たちの新しいALTはジャマイカ出身だ。彼女の**母国語**は何だろう。	Our new ALT is from Jamaica. What is **her** ＿＿＿＿＿＿ **language**?
627	私は英語を**流暢に話す人**になりたい。	I want to be a ＿＿＿＿＿＿ **speaker** of English.
628	私たちは**正式なスピーチ**の仕方を学んでいる。	We are learning how to make **a** ＿＿＿＿＿＿ **speech**.
629	**空想科学小説**の本を読むのは好きですか。	Do you like reading **science** ＿＿＿＿＿＿ books?
630	私は彼が真実を話した**かどうか疑っている。**	I ＿＿＿＿＿＿ **if** he told the truth.
631	白馬には十分な雪がある**だろうか。**	I ＿＿＿＿＿＿ **if** there is enough snow in Hakuba.
632	人によって**詩の解釈**の仕方はさまざまだ。	Different people ＿＿＿＿＿＿ **poems** in different ways.
633	彼は風邪をひいていたので, 私は電話で彼の**声がわからなかった。**	I couldn't ＿＿＿＿＿＿ **his voice** on the phone because he had a cold.
634	学校に着いたとき, 私は宿題を家に置いてきた**ことに気づいた。**	When I got to school, I ＿＿＿＿＿＿ (**that**) I had left my homework at home.
635	彼はそのお金を盗んでいない**と主張した。**	He ＿＿＿＿＿＿ (**that**) he had not stolen the money.
636	彼は早期英語教育はとても重要だ**と主張している。**	He ＿＿＿＿＿＿ **that** early English education is very important.
637	この映画は子どもだけでなく, **大人の心にも訴える。**	This movie ＿＿＿＿＿＿ **to adults** as well as to children.
638	彼はレストランで食事に**クレームをつけた。**	He ＿＿＿＿＿＿ **about his meal** in the restaurant.
639	兄は私の財布から金を取ったことを**否定した。**	My brother ＿＿＿＿＿ ＿＿＿＿＿ some **money** from my wallet.
640	台風のせいで私たちは釣りに**行くのを延期し**なければならなかった。	We had to ＿＿＿＿＿ ＿＿＿＿＿ **fishing** because of the typhoon.

学習日 ＿＿＿月＿＿＿日

反対の意味を持つ語をセットで覚える⑤ 〈動詞〉 📖 P.132

	見出し語	意味	書きこみ①	書きこみ②	書きこみ③
641	**respect** [rispékt] リスペクト				
642	**despise** [dispáiz] ディスパイズ				
643	**criticize** [krítəsàiz] クリティサィズ				
644	**praise** [preiz] プレィズ				
645	**appreciate** [əpríːʃièit] アプリーシエィト				
646	**apologize** [əpá(:)lədʒàiz] アパロジャィズ				

文法・語法との関連で覚える㉑ 自動詞と他動詞で意味の違いに注意すべき動詞(1)

	見出し語	意味	書きこみ①	書きこみ②	書きこみ③
647	**lead** [liːd] リード				
648	**apply** [əplái] アプラィ				
649	**decline** [dikláin] ディクラィン				

同じジャンルで覚える㊹ 人をだます意味の動詞 📖 P.134

	見出し語	意味	書きこみ①	書きこみ②	書きこみ③
650	**cheat** [tʃiːt] チート				
651	**mislead** [misliːd] ミスリード				
652	**trick** [trik] トリック				
653	**deceive** [disíːv] ディスィーヴ				
654	**betray** [bitréi] ビトレィ				

同じジャンルで覚える㊸ 「予想する・想像する」の意味を持つ語

	見出し語	意味	書きこみ①	書きこみ②	書きこみ③
655	**suppose** [səpóuz] サポゥズ				
656	**guess** [ges] ゲス				
657	**imagine** [imædʒin] イマジン				
658	**predict** [pridíkt] プリディクト				

同じジャンルで覚える㊽ 拒否・抵抗を表す動詞

	見出し語	意味	書きこみ①	書きこみ②	書きこみ③
659	**refuse** [rifjúːz] リフューズ				
660	**resist** [rizíst] リズィスト				
661	**protest** [prətést] プロテスト				

641	私はおばを尊敬している。彼女は英語とロシア語が話せるのだ。	I _____ **my aunt**. She speaks English and Russian.
642	私は他人のことを考えない身勝手な人を軽蔑する。	I _____ **selfish people** who do not think of others.
643	両親はオンラインゲームに多額のお金を費やしたことで私を批判した。	My parents _____ **me for spending** a lot of money on online games.
644	母は年配の女性が道を渡るのを手伝ったことについて私をほめた。	My mother _____ **me for helping** an old lady cross the street.
645	これを私のために翻訳していただけるとありがたいのですが。	**I'd** _____ **it if** you could translate this for me.
646	私は授業に遅れたことを謝った。	I _____ **for being late** for the class.
647	働き過ぎると不健康につながるかもしれない。	Working too much may _____ **to poor health**.
	彼は私が大金をもらえると信じるよう私を誘導した（がそれは本当ではなかった）。	He _____ **me to believe that** I would receive a lot of money.
648	セーラはその仕事に応募して職を得た。	Sarah _____ **for the job** and got it.
	このルールは英語の動詞すべてには当てはまらない。	This rule **cannot be** _____ **to** all English verbs.
649	日本では若者の数が減少している。	**The number** of young people is _____ in Japan.
	彼は私たちのチームのキャプテンになるのを丁寧に断った。	He _____ **to be the captain** of our team.
650	彼女からお金をだまし取った男は警察に捕まった。	The man who _____ **her out of** money was caught by the police.
651	消費者を惑わせかねないウェブサイトが多数ある。	There are many websites which might _____ **consumers**.
652	だまされて個人情報をオンラインで提供してはいけない。	Do not **be** _____ **into giving** your personal information online.
653	彼女はだまされて，彼が彼女と結婚すると信じた。	She **was** _____ **into believing** that he would marry her.
654	秘密を話して友達を裏切ることはできない。	I can't _____ **my friend** by telling her secrets.
655	私たちはもう仕事を止めるべきだろうと思う。6時だ。	I _____ (**that**) we should stop working now. It's six p.m.
656	この単語の意味は何か推測できますか。	Can you _____ **what** this word means?
657	本のない生活を想像するのは難しい。	It is difficult to _____ **my life** without books.
658	天気予報は来週中の大雪を予測している。	The weather forecast _____ **a lot of snow** during the next week.
659	兄は私に自転車を貸すのを拒否した。	My brother _____ **to lend me** his bicycle.
660	私はその靴を買うのを我慢できなかった。	I couldn't _____ **buying** the shoes.
661	世界中の多くの人がロシア・ウクライナ戦争に抗議した。	Many people around the world have _____ **against the** Russia-Ukraine **war**.

同じジャンルで覚える㊹　人の心の動きを表す形容詞(2)　📖 P.136

	見出し語	意味	書きこみ①	書きこみ②	書きこみ③
662	jealous [dʒéləs] ジェラス				
663	upset [ʌ̀psét] アプセット				
664	amused [əmjúːzd] アミューズド				
665	thrilled [θríld] スリルド				
666	delighted [dɪláɪtɪd] ディライティッド				
667	ashamed [əʃéɪmd] アシェイムド				

同じジャンルで覚える㊺　気持ちに関する名詞

	見出し語	意味	書きこみ①	書きこみ②	書きこみ③
668	emotion [ɪmóʊʃ(ə)n] イモゥション				
669	mood [múːd] ムード				
670	temper [témpər] テンパー				
671	desire [dɪzáɪər] ディザイアー				

同じジャンルで覚える㊻　驚きや不満に関する形容詞　📖 P.138

	見出し語	意味	書きこみ①	書きこみ②	書きこみ③
672	amazed [əméɪzd] アメイズド				
673	astonished [əstá(ː)nɪʃt] アスタニッシュト				
674	annoyed [ənɔ́ɪd] アノイド				
675	frustrated [frʌ́streɪtɪd] フラストレイティッド				

同じジャンルで覚える㊼　人に困惑を与える意味の動詞

	見出し語	意味	書きこみ①	書きこみ②	書きこみ③
676	disturb [dɪstə́ːrb] ディスターブ				
677	interrupt [ìntərʌ́pt] インターラプト				
678	bother [bɑ́(ː)ðər] バザー				
679	irritate [írɪtèɪt] イリテイト				
680	ignore [ɪɡnɔ́ːr] イグノァー				

同じジャンルで覚える㊽　不安・恐怖に関する名詞

	見出し語	意味	書きこみ①	書きこみ②	書きこみ③
681	fear [fíər] フィアー				
682	terror [térər] テラー				
683	horror [hɔ́ːrər] ホーラー				

662	女王は白雪姫の美しさをねたんでいた。	The queen **was** ＿＿＿＿＿＿＿ of Snow White's beauty.
663	その悲しい知らせに私はとても取り乱した。	I **was** very ＿＿＿＿＿ **by the** sad **news**.
664	私が冗談を言ったとき誰も面白そうではなかった。	**No one looked** ＿＿＿＿＿＿＿ when I told a joke.
665	私は台湾への修学旅行にわくわくしていた。	I **was** ＿＿＿＿＿＿＿ **by** our school **trip** to Taiwan.
666	私の弟は入学試験に合格してとても喜んでいた。	My brother **was** ＿＿＿＿＿＿＿ **to pass** the entrance exam.
667	私は自分の愚かな行為を恥じている。	I'm ＿＿＿＿＿＿＿ **of my** foolish **behavior**.
668	彼はたいてい感情を顔に出さない。	He usually doesn't **show his** ＿＿＿＿＿＿＿ on his face.
669	トムは今日機嫌が悪い。なぜなんだろう。	Tom **is in a bad** ＿＿＿＿＿ today. I wonder why.
670	10代のころ彼は機嫌が悪いことが多かった。	He often **had a bad** ＿＿＿＿＿＿＿ when he was a teenager.
671	若いころ私の父は俳優になりたいという強い願望があった。	My father had **a strong** ＿＿＿＿＿＿＿ **to become** an actor when he was young.
672	私たちはみなセーラのピアノの上手さにびっくりした。	We **were** all ＿＿＿＿＿＿＿ **at** how well Sarah played the piano.
673	誰もがその選挙の結果を聞いて非常に驚いていた。	Everyone **was** ＿＿＿＿＿＿＿ **to hear** the results of the election.
674	私はよく家の近くを通る電車の音にいらいらする。	I'**m** often ＿＿＿＿＿＿＿ **by** the sound of trains passing near my house.
675	私は計画の急な変更に不満だった。	I **was** ＿＿＿＿＿＿＿ **by** the sudden change of plans.
676	お邪魔してすみませんが，ここでは喫煙できません。	**I'm sorry to** ＿＿＿＿＿＿＿ **you**, but you can't smoke here.
677	あなたのお邪魔でなければいいのですが。	I hope I'm not ＿＿＿＿＿＿＿＿＿＿ **you**.
678	友達をわずらわせたくなかったので，私はそれをすべて自分でやった。	I didn't want to ＿＿＿＿＿＿ **my friend**, so I did it all by myself.
679	トムは四六時中ゲームをして私をいらいらさせる。	Tom ＿＿＿＿＿＿＿ **me by playing** games all the time.
680	あなたは彼があなたに言ったことを無視するべきだ。	You should ＿＿＿＿＿＿ **what he said** to you.
681	飛行機への恐怖のために彼はいつも電車で旅行する。	He always travels by train because of **his** ＿＿＿＿＿ **of flying**.
682	火山が噴火したとき，ポンペイに住む人々は恐怖を感じて逃げた。	When the volcano erupted, people living in Pompeii **ran in** ＿＿＿＿＿＿＿.
683	ホラー映画を見たあと，私はよく眠れなかった。	I couldn't sleep well after watching **a** ＿＿＿＿＿＿＿ **film**.

学習日 ＿＿月＿＿日

同じジャンルで覚える㊾ 学問名 📖 P.140

	見出し語	意味	書きこみ①	書きこみ②	書きこみ③
684	**chemistry** [kémɪstri] ケミストリィ				
685	**astronomy** [əstrá(ː)nəmi] アストラノミィ				
686	**philosophy** [fəlá(ː)səfi] フィラソフィ				
687	**geography** [dʒiá(ː)grəfi] ジアグラフィ				
688	**psychology** [saɪká(ː)lədʒi] サイカロジィ				
689	**biology** [baɪá(ː)lədʒi] バイアロジィ				
690	**anthropology** [æ̀nθrəpá(ː)lədʒi] アンスロパロジィ				
691	**sociology** [sòusiá(ː)lədʒi] ソウスィアロジィ				
692	**physics** [fízɪks] フィジィクス				
693	**economics** [ìːkəná(ː)mɪks] イーコナミックス				
694	**linguistics** [lɪŋgwístɪks] リングウィスティックス				
695	**literature** [lít(ə)rətʃər] リテラチャー				
696	**architecture** [áːrkətèktʃər] アーキテクチャー				

コロケーションで覚える⑬ 〈学問・研究〉 📖 P.142

	見出し語	意味	書きこみ①	書きこみ②	書きこみ③
697	**favorite** [féɪv(ə)rət] フェイヴァリット				
698	**subject** [sʌ́bdʒekt] サブジェクト				
699	**general** [dʒén(ə)r(ə)l] ジェネラル				
700	**knowledge** [ná(ː)lɪdʒ] ナリッジ				
701	**achieve** [ətʃíːv] アチーヴ				
702	**goal** [goʊl] ゴウル				
703	**improve** [ɪmprúːv] インプルーヴ				
704	**skill** [skɪl] スキル				
705	**submit** [səbmít] サブミット				
706	**assignment** [əsáɪnmənt] アサインメント				
707	**effective** [ɪféktɪv] イフェクティヴ				
708	**method** [méθəd] メソッド				

684	私たちは週に2回**化学の授業**がある。	We have _____ **lessons** twice a week.
685	私の先生は**天文学に関する本**を書きたがっている。	My teacher wants to write **a book on** _____.
686	私は**ギリシャ哲学**に興味がある。	I'm interested in **Greek** _____.
687	私たちは来週**地理のテスト**がある。	We have **a** _____ **test** next week.
688	**心理学**は今生徒の間でとても**人気**だ。	_____ **is** very **popular** among students now.
689	私の父は**生物学の先生**だ。	My father is **a** _____ **teacher**.
690	私は**人類学**についての論文を探している。	I'm looking for **a paper on** _____.
691	私の母は**社会学の学位**を持っている。	My mother has **a degree in** _____.
692	私の姉は**物理学**が大の得意だ。	My sister **is** very **good at** _____.
693	私のおじは大学で**経済学を教えている**。	My uncle **teaches** _____ at college.
694	マークは**日本語(言語)学**を勉強している。	Mark is studying **Japanese** _____.
695	秋山先生は**アメリカ文学**の専門家だ。	Mrs. Akiyama is a specialist in **American** _____.
696	私のいとこは大学で**建築学**を学んでいる。	My cousin is **studying** _____ at university.
697 698	数学と英語は私の**大好きな科目**だ。	Math and English are **my** _____ _____.
699 700	**一般知識**を学ぶことは生徒にとって大切だ。	Learning _____ _____ is important for students.
701 702	私たちはプロジェクトの**目標を達成した**。	We have _____ **the** _____ of our project.
703 704	リスニング**能力を向上させる**ために私はよく英語で映画を見る。	I often watch movies in English to _____ **my** listening _____.
705 706	私は今週末までに**課題を提出する**必要がある。	I need to _____ **my** _____ before the end of this week.
707 708	誰もが新しい単語を覚える**効果的な方法**を知りたい。	Everyone wants to know _____ _____ for memorizing new words.

似ていて紛らわしい語をセットで覚える⑫ 〈意味が似ている〉　　📖 P.144

	見出し語	意味	書きこみ①	書きこみ②	書きこみ③
709	**factor** [fǽktər] ファクター				
710	**element** [élɪmənt] エリメント				
711	**region** [ríːdʒ(ə)n] リージョン				
712	**district** [dístrɪkt] ディストリクト				
713	**debate** [dɪbéɪt] ディベイト				
714	**argument** [ɑ́ːrɡjəmənt] アーギュメント				
715	**refer** [rɪfə́ːr] リファー				
716	**mention** [ménʃ(ə)n] メンション				
717	**stress** [stres] ストレス				
718	**emphasize** [émfəsàɪz] エンファサイズ				
719	**found** [faʊnd] ファウンド				
720	**establish** [ɪstǽblɪʃ] イスタブリッシュ				

コロケーションで覚える⑭ 〈研究〉　　📖 P.146

	見出し語	意味	書きこみ①	書きこみ②	書きこみ③
721	**challenge** [tʃǽlɪn(d)ʒ] チャリンジ				
722	**theory** [θíːəri] スィーォリィ				
723	**paper** [péɪpər] ペイパー				
724	**due** [djuː] デュー				
725	**conduct** [kəndʌ́kt] コンダクト				
726	**survey** [sə́ːrveɪ] サーヴェィ				
727	**hold** [hoʊld] ホゥルド				
728	**conference** [kɑ́(ː)nf(ə)r(ə)ns] カンフェレンス				

同じジャンルで覚える㊿ 研究に関する語

	見出し語	意味	書きこみ①	書きこみ②	書きこみ③
729	**research** [ríːsəːrtʃ] リーサーチ				
730	**laboratory** [lǽb(ə)rətɔ̀ːri] ラボラトーリィ				
731	**prove** [pruːv] プルーヴ				

709	睡眠は脳の機能の**重要な要素**である。	Sleeping is **an important** _____ for brain function.
710	データ収集におけるひとつの**重要な要素**はその量である。	One **key** _____ in data collection is its quantity.
711	近頃**暑い地域**の昆虫が日本で見られる。	Some insects from **hot** _____ are found in Japan nowadays.
712	**私たちの学区**には5つの高校があります。	There are five high schools **in our school** _____.
713	クラスの規模がもっと小さかったらもっと**討論をする**ことができるのに。	If class sizes were smaller, we could **have** more _____.
714	僕はガールフレンドと結婚式について**口論した**。	I **had an** _____ with my girlfriend about our wedding.
715	彼はスピーチの中でその問題**に言及し**ましたか。	Did he _____ ____ **the problem** in his speech?
716	彼は会議の時間**について言及し**ましたか。	Did he _____ **the time** of the meeting?
717	この単語の**アクセント**はどこですか。	Where is **the** _____ **in this word**?
718	医者は健康でいるために運動の**必要性を強調している**。	Doctors _____ **the need** for exercise to remain healthy.
719	ハーバード大学は1636年に**設立された**。	Harvard University **was** _____ **in 1636**.
720	**ユニセフ**は第二次世界大戦後に**設立された**。	**UNICEF was** _____ after the Second World War.
721 722	その研究結果はコーヒーは体に良くないという**説に異議を唱えている**。	The results of the study _____ **the** _____ that coffee is bad for you.
723 724	**論文**は今月末が**締め切り**だ。	**The** _____ **is** _____ at the end of this month.
725 726	私たちは学校図書館の使用についての**調査を実施した**。	We _____ **a** _____ on the use of the school library.
727 728	今年は大阪で**会議が開かれる**予定だ。	**The** _____ **will be** _____ in Osaka this year.
729	私は生徒の食習慣についての**研究を行い**たい。	I want to **do** _____ **on** students' eating habits.
730	私たちはよく**実験室**で実験を行う。	We often do experiments **in the** _____.
731	私はこのレポートに書いてあることが正しい**ということを証明する**必要がある。	I need to _____ (**that**) what is written in this report is right.

学習日 ____月____日

同じジャンルで覚える(51) 統計やデータ集計に関する語

P.148

	見出し語	意味	書きこみ①	書きこみ②	書きこみ③
732	**statistics** [stətístɪks] スタティスティクス				
733	**percentage** [pərséntɪdʒ] パーセンティッジ				
734	**majority** [mədʒɔ́:rəti] マジョーリティ				
735	**exception** [ɪksépʃ(ə)n] イクセプション				
736	**ratio** [réɪʃiou] レィシオゥ				
737	**chart** [tʃɑ:rt] チャート				
738	**item** [áɪtəm] アィテム				

同じジャンルで覚える(52) 計算に関する語

	見出し語	意味	書きこみ①	書きこみ②	書きこみ③
739	**calculate** [kǽlkjəlèɪt] カルキュレィト				
740	**equal** [í:kw(ə)l] イークワル				
741	**multiply** [mʌ́ltəplàɪ] マルティプラィ				
742	**divide** [dɪváɪd] ディヴァィド				

コロケーションで覚える⑮ 〈健康・医療〉

P.150

	見出し語	意味	書きこみ①	書きこみ②	書きこみ③
743	**sore** [sɔ:r] ソーァ				
744	**throat** [θrout] スロゥト				
745	**relieve** [rilí:v] リリーヴ				
746	**pain** [peɪn] ペィン				
747	**cure** [kjuər] キュアー				
748	**disease** [dɪzí:z] ディズィーズ				

似ていて紛らわしい語をセットで覚える⑬ 〈意味が似ている〉

	見出し語	意味	書きこみ①	書きこみ②	書きこみ③
749	**alike** [əláɪk]アライク				
750	**similar** [sím(ə)lər] スィミラー				
751	**effect** [ɪfékt] イフェクト				
752	**impact** [ímpækt] インパクト				
753	**influence** [ínfluəns] インフルエンス				
754	**affect** [əfékt]アフェクト				

732	**統計**は日本の人口の5分の1が70歳を超えていることを**示している**。	_____ **show that** one-fifth of the population of Japan is over 70.
733	毎年何**パーセント**の**人**が心臓発作によって死亡しているのですか。	**What** _____ **of people** die of heart attacks every year?
734	最初の質問に**クラス**の**大多数**は「はい」と言った。	**The** _____ **of the class** said "yes" to the first question.
735	盲導犬は**例外**として，イヌの持ち込みは禁じられている。	No dogs are allowed, **with the** _____ **of** guide dogs.
736	私の学校の男子と女子の**比率**は2対1だ。	**The** _____ **of** boys **to** girls at my school is two to one.
737	ここ30年の大学生の数が**図表に示されている**。	The number of university students for the last 30 years **is shown on the** _____.
738	表の最初の**項目**はリスニングテストの点数です。	**The first** _____ in the table is the listening test score.
739	私はたいてい各月に使った金**額を計算する**。	I usually _____ **the amount** of money I spend each month.
740	1マイルは1.6キロメートルにほぼ**等しい**。	One mile **is** nearly _____ **to** 1.6 kilometers.
741	**5掛ける4**は20。	**5** _____ **by 4** is 20.
742	**51割る17**は3。	**51** _____ **by 17** is 3.
743 744	私はここ2，3日**のどが痛い**。	I've **had a** _____ _____ for a couple of days.
745 746	氷を足の上に当ててみてください。**痛みを和らげて**くれるでしょう。	Put some ice on your foot. It will _____ **the** _____.
747 748	医師たちはその**病気を治す**新しい方法を探している。	Doctors are looking for new ways to _____ **the** _____.
749	祖母にとってこれらの2つの薬はずいぶんと**同じように見える**。	These two medicines **look** very _____ to my grandmother.
750	弟と私は音楽の好みが**似ている**。	My brother and I **have** _____ **tastes** in music.
751	しっかり食べることは健康に良い**影響を与える**でしょう。	Eating well will **have a** positive _____ **on** your health.
752	新型コロナウイルスは世界中の人々の暮らし**に大きな影響を与えた**。	COVID-19 **had a** huge _____ **on** people's lives all over the world.
753	あなたが食べるものがあなたの健康**に強い影響を与えます**。	What you eat **strongly** _____ your health.
754	ハリケーン**の影響を受けた**地域にたくさんのテントが送られた。	Many tents were sent to the area which **was** _____ **by** the hurricane.

同じジャンルで覚える㊳ 病気・けが・治療に関する語　📖 P.152

	見出し語	意味	書きこみ①	書きこみ②	書きこみ③
755	**fever** [fíːvər] フィーヴァー				
756	**injure** [índ(d)ʒər] インジャー				
757	**hurt** [həːrt] ハート				
758	**symptom** [sím(p)təm] スィンプタム				
759	**treatment** [tríːtmənt] トリートメント				
760	**medicine** [méds(ə)n] メッドスン				
761	**operation** [à(ː)pəréiʃ(ə)n] アペレィション				

同じジャンルで覚える㊴ 体の部位に関する語

	見出し語	意味	書きこみ①	書きこみ②	書きこみ③
762	**muscle** [mʌ́s(ə)l] マスル				
763	**nerve** [nəːrv] ナーヴ				
764	**stomach** [stʌ́mək] スタマック				
765	**foot** [fʊt] フット				
766	**tooth** [tuːθ] トゥース				

コロケーションで覚える⑯ 〈健康・医療〉　📖 P.154

	見出し語	意味	書きこみ①	書きこみ②	書きこみ③
767	**identify** [aidéntəfài] アィデンティファィ				
768	**cause** [kɔːz] コーズ				
769	**stable** [stéib(ə)l] ステイブル				
770	**condition** [kəndíʃ(ə)n] コンディション				
771	**lung** [lʌŋ] ラング				
772	**cancer** [kǽnsər] キャンサー				
773	**lack** [læk] ラック				
774	**exercise** [éksərsàiz] エクサーサイズ				

同じジャンルで覚える㊵ 呼吸・息に関する語

	見出し語	意味	書きこみ①	書きこみ②	書きこみ③
775	**breathe** [briːð] ブリーズ				
776	**yawn** [jɔːn] ヨーン				
777	**cough** [kɔ(ː)f] コフ				
778	**sneeze** [sniːz] スニーズ				

755	私は**熱がある**と思うのですぐにベッドで休みたい。	I think I **have a** _____ , so I want to go to bed soon.
756	弟は今朝車にひかれて**けがをした**。	**My brother was** hit by a car and _____ this morning.
757	私は自転車でこけたときに**足をけがをした**。	I _____ **my leg** when I fell off my bike.
758	何か**風邪の症状**はありますか。	Do you have any _____ **of a cold**?
759	**風邪**の最善の**治療法**は何ですか。	What is the best _____ **for a cold**?
760	1日に3回食後にこの**薬**を飲みなさい。	**Take** this _____ three times a day after meals.
761	腕を骨折したあと私は**手術**を受けた。	I **had an** _____ after I broke my arm.
762	長い散歩のあとで, 足の**筋肉**が痛かった。	After a long walk, **my leg** _____ ached.
763	歯医者は歯から**神経**を抜いた。	The dentist **pulled out the** _____ from the tooth.
764	**空腹**でコーヒーを飲まない方がよいと考える人もいる。	Some people think that you shouldn't drink coffee **on an empty** _____.
765	私は冬によく**手足**が冷える。	I often have **cold hands and** _____ in winter.
766	1日に3回**歯を磨く**人もいる。	Some people **brush their** _____ three times a day.
767 768	その病気の**原因**はいまだに**特定されて**いない。	**The** _____ of the disease has not **been** _____ yet.
769 770	手術のあと, 彼は今**容態が安定して**いる。	He is now **in** _____ _____ after having an operation.
771 772	喫煙が**肺がん**を引き起こしうるということは広く知られている。	It is widely known that smoking can lead to _____ _____.
773 774	**運動不足**は多くの病気の原因になることがある。	_____ **of** _____ can result in many diseases.
775	医者は私に深く**息を吸って**止めるように言った。	The doctor told me to _____ **deeply** and stop.
776	**あくび**が止まらない。昨夜よく眠れなかったんです。	I can't **stop** _____. I couldn't sleep well last night.
777	私は**せきが止まらない**ので, 医者に診てもらう必要がある。	I **can't stop** _____, so I need to see a doctor.
778	私は今日何度も**くしゃみが出た**。ひょっとすると風邪をひいたのかもしれない。	I _____ **many times** today. Maybe I have caught a cold.

学習日 _____ 月_____ 日

コロケーションで覚える⑰ 〈健康・医療〉 📖 P.156

	見出し語	意味	書きこみ①	書きこみ②	書きこみ③
779	**source** [sɔːrs] ソース				
780	**protein** [próutiːn] プロゥティーン				
781	**brain** [breɪn] ブレィン				
782	**function** [fʌ́ŋ(k)ʃ(ə)n] ファンクション				
783	**flu** [fluː] フルー				
784	**spread** [spred] スプレッド				
785	**medical** [médɪk(ə)l] メディクル				
786	**insurance** [ɪnʃúər(ə)ns] インシュァランス				
787	**donate** [dóuneɪt] ドゥネイト				
788	**blood** [blʌd] ブラッド				
789	**wound** [wuːnd] ウーンド				
790	**heal** [hiːl] ヒール				

似ていて紛らわしい語をセットで覚える⑭ 〈意味が似ている〉 📖 P.158

	見出し語	意味	書きこみ①	書きこみ②	書きこみ③
791	**complicated** [kɑ́(ː)mpləkèɪtɪd] カンプリケィティド				
792	**complex** [kɑ́(ː)mpléks] カンプレックス				
793	**benefit** [bénɪfɪt] ベニフィット				
794	**advantage** [ədvǽntɪdʒ] アドヴァンティジ				
795	**form** [fɔːrm] フォーム				
796	**shape** [ʃeɪp] シェィプ				
797	**opportunity** [ɑ́(ː)pərtjúːnəti] アパーチューニティ				
798	**occasion** [əkéɪʒ(ə)n] アケィジョン				

文法・語法との関連で覚える㉒ 準否定語

	見出し語	意味	書きこみ①	書きこみ②	書きこみ③
799	**hardly** [hɑ́ːrdli] ハードリィ				
800	**scarcely** [skéərsli] スケァスリィ				
801	**seldom** [séldəm] セルダム				

779 780	豆腐は安いがとても良い**たんぱく源**だ。	Tofu is **a** cheap but very good _____ of _____.
781 782	睡眠の量は**脳の機能**に影響する。	The amount of sleep affects _____ _____.
783 784	人ごみの中では**インフルエンザ**がすぐに**広がる**ことがある。	_____ can _____ quickly in crowds.
785 786	政府は高齢者のための**医療保険**制度を改革した。	The government reformed the _____ _____ system for the elderly.
787 788	**献血した**ことはありますか。	Have you ever _____ _____?
789 790	彼の**傷**は手術後すぐには**治ら**なかった。	His _____ did not _____ quickly after the operation.
791	私の父はとても**複雑な手術**を受けたのだが, 回復した。	My father had **a** very _____ **operation**, but he has recovered.
792	地球温暖化は**複雑な**問題だ。	Global warming is **a** _____ **problem**.
793	野菜を食べることの健康上の**利益**はよく知られている。	**The health** _____ of eating vegetables are well known.
794	外国語**を話せることは強み**だ。	**It is an** _____ **to be able to speak** foreign languages.
795	私たちは今では多くの本を**電子形式**で読むことができる。	We can now read many books **in electronic** _____.
796	腎臓は豆の**形**をしている。	The kidney is **in the** _____ of a bean.
797	生徒は2年生のときに留学する**機会が与え**られる。	Students are **given the** _____ **to study abroad** in their second year.
798	着物を着る**機会**はたくさんありますか。	Do you **have** many _____ **to wear** a kimono?
799	コーヒーをたくさん飲んだあと, 私は昨夜**ほとんど眠れなかった。**	I **could** _____ **sleep** last night after drinking too much coffee.
800	戦争中, 人々は十分に食べられることが**ほとんどなかった。**	People **could** _____ **eat** enough during the war.
801	キャロルは息子に**めったに会わない。**彼は海外に住んでいるから。	Carole _____ **sees her son** because he lives abroad.

〈動詞＋前置詞／副詞〉の表現（2）　　　📖 P.160

	見出し語	意味	書きこみ
802	take off		①
			②
803	see A off		①
			②
804	keep off A[A off]		①
			②
805	go with A		①
			②
806	deal with A		①
			②
807	cope with A		①
			②

〈be＋（形容詞化した）過去分詞＋前置詞〉の表現（1）

	見出し語	意味	書きこみ
808	be filled with A		①
			②
809	be worried about A		①
			②
810	be struck by A		①
			②
811	be crowded with A		①
			②
812	be caught in A		①
			②
813	be based on A		①
			②

802	霧にもかかわらず，その飛行機は時間通りに**離陸した**。	The plane _____ _____ on time despite the fog.
803	私が東京を発つとき，空港に**私を見送り**に来てくれますか。	Can you come to _____ **me** _____ at the airport when I leave Tokyo?
804	私は日差し**を防ぐ**ために夏にはよく帽子をかぶる。	I often wear a hat in summer to _____ the sun _____.
805	このワインは魚によく**合う**。	This wine _____ well _____ fish.
806	我が社は迅速に顧客からの要望**を処理する**よう努めています。	Our company tries to _____ _____ requests from customers immediately.
807	ジャックは大学で大量の課題**にうまく対処する**のが難しいと感じた。	Jack found it hard to _____ _____ the large amount of work at college.
808	彼女は結婚式の日，喜び**で満たされていた**。	She _____ _____ _____ joy on her wedding day.
809	生徒たちは来週の試験**について心配している**。	The students _____ _____ _____ next week's exams.
810	私は夕焼け時の山々の美しさ**に心を打たれた**。	I _____ _____ ____ the beauty of the mountains at sunset.
811	駅はサッカーの試合に行く人々**で混雑していた**。	The station _____ _____ _____ people going to the soccer match.
812	私は学校からの帰宅途中に雨**にあい**，ずぶぬれになった。	I _____ _____ ____ the rain on my way home from school and got soaked.
813	その映画は実話**に基づいていた**。	The movie _____ _____ _____ a true story.

学習日 ＿＿＿月＿＿＿日

〈動詞＋前置詞／副詞〉の表現（3）　📖 P.162

	見出し語	意味	書きこみ
814	think over A[A over]		①
			②
815	run over A[A over]		①
			②
816	turn over A[A over]		①
			②
817	ask for A		①
			②
818	feel for A		①
			②

似た意味の表現（1）

	見出し語	意味	書きこみ
819	apart from A		①
			②
820	other than A		①
			②
821	in spite of A		①
			②
822	regardless of A		①
			②

〈前置詞＋all〉の表現

	見出し語	意味	書きこみ
823	for all A		①
			②
824	after all		①
			②
825	above all		①
			②

814	決断する前に，私たちはそれを熟考すべきだ。	We should _____ it _____ before we decide.
815	そのイヌは車にひかれてけがをした。	The dog was _____ _____ by a car and got injured.
816	私は試験でページをめくるのを忘れたので，数問を解きそこなった。	I forgot to _____ _____ the page in the exam, so I missed several questions.
817	彼はグラス1杯の水を求めた。	He _____ _____ a glass of water.
818	彼が競技中に転んだとき，私は本当にそのスケーターに同情した。	I really _____ _____ the skater when he fell over in the competition.
819	健太を除いて，全員が研究課題についての私の案に同意してくれた。	_____ _____ Kenta, everyone agreed to my plan for our project.
820	ドイツ語の他に何語が話せますか。	Which languages _____ _____ German can you speak?
821	嵐にもかかわらず，そのショーは続いた。	The show continued ____ _____ ____ the storm.
822	グレッグは天候に関係なくスキーに行く。	Greg goes skiing _____ ____ the weather.
823	彼には欠点があるにもかかわらず，彼女はそれでも彼を愛していた。	She still loved him, _____ _____ his faults.
824	一生懸命練習したが，結局彼女はチームに選ばれなかった。	She trained hard, but she wasn't chosen for the team _____ _____.
825	私は日本食が好きで，とりわけ天ぷらが好きだ。	I like Japanese food and, _____ _____, I like tempura.

〈動詞＋前置詞／副詞〉の表現(4)　　📖 P.164

	見出し語	意味	書きこみ
826	belong to A		① ②
827	occur to A		① ②
828	stick to A		① ②
829	graduate from A		① ②
830	suffer from A		① ②
831	result from A		① ②
832	result in A		① ②
833	fill in A[A in]		① ②

反対の意味の表現(1)

	見出し語	意味	書きこみ
834	put on weight		① ②
835	lose weight		① ②
836	up to date		① ②
837	out of date		① ②

826	私は高校でチェス部**に所属していた。**	I _____ ____ the chess club in high school.
827	学園祭のための良いアイデアが突然**私の頭に浮かんだ。**	A good idea suddenly _____ ____ me for our school festival.
828	天気が変わったのだから，私たちは計画**に固執する**必要はない。	The weather has changed, so we don't have to _____ ____ our plan.
829	彼は医科大学**を卒業した。**	He _____ _____ a medical college.
830	日本では春になるとたくさんの人が花粉症**に苦しむ。**	Many people _____ _____ hay fever in spring in Japan.
831	平均給与の減少は不景気**の結果として起こった。**	The decrease in the average salary _____ _____ the bad economy.
832	試験の難しさのため，より多くの人が不合格**という結果になった。**	The difficulty of the exam _____ ____ more people failing.
833	これらの文中に，抜けている語**を書き込みなさい。**	_____ ____ the missing words in these sentences.
834	留学したとき，太郎は**太った。**	Taro _____ _____ _____ when he studied abroad.
835	私は週末にジョギングをして**やせた。**	I've _____ _____ by jogging on weekends.
836	この電話は**最新で**はないが，私には十分だ。	This phone is not _____ ____ _____, but it's good enough for me.
837	たとえ新しい電話を買ったとしても，それはすぐに**時代遅れに**なる。	Even if you buy a new phone, it'll be _____ ____ _____ soon.

〈動詞＋前置詞／副詞〉の表現(5)　　📖 P.166

	見出し語	意味	書きこみ
838	check out		①
			②
839	make out A[A out]		①
			②
840	figure out A[A out]		①
			②
841	give out A[A out]		①
			②
842	wear out A[A out]		①
			②
843	point out A[A out]		①
			②
844	believe in A		①
			②
845	hand in A[A in]		①
			②

3語が1つの前置詞として働く語句(句前置詞)

	見出し語	意味	書きこみ
846	in place of A		①
			②
847	in case of A		①
			②
848	in addition to A		①
			②
849	in connection with A		①
			②

838	私たちは午前10時までにホテルを**チェックアウトし**ないといけない。	We have to _____ _____ of the hotel by 10 a.m.
839	私はここに書かれていること**を判読**できない。	I cannot _____ _____ what is written here.
840	このパズルのやり方**が理解**できない。	I can't _____ _____ how to do this puzzle.
841	それぞれの生徒に試験用紙**を配って**ください。	Please _____ _____ the exam papers to each student.
842	私のお気に入りの靴はほぼ**履き古されて**いる。	My favorite shoes are almost _____ _____.
843	先生は私のレポートの間違い**を指摘**した。	The teacher _____ _____ the mistakes in my report.
844	あなたは今でもサンタクロース**の存在を信じて**いますか。	Do you still _____ ____ Santa Claus?
845	私たちはいつ宿題**を提出し**なければなりませんか。	When do we have to _____ ____ our homework?
846	トムは上司**の代わりに**会議に行った。	Tom went to the meeting ____ _____ ____ the boss.
847	地震**の場合には**，エレベーターを使うべきではありません。	_____ _____ ____ an earthquake, you should not use the elevators.
848	劇**に加えて**，シェイクスピアは詩も書いた。	_____ _____ ____ plays, Shakespeare also wrote poetry.
849	その自動車事故**に関連して**男が逮捕された。	A man has been arrested ____ _____ _____ the car accident.

〈動詞＋前置詞／副詞〉の表現（6） 📖 P.168

	見出し語	意味	書きこみ
850	clear up		①
			②
851	cheer up A[A up]		①
			②
852	depend on A		①
			②
853	rely on A		①
			②
854	count on A		①
			②
855	focus on A		①
			②

比較を用いた表現（1）

	見出し語	意味	書きこみ
856	more or less		①
			②
857	sooner or later		①
			②
858	no longer		①
			②
859	at least		①
			②
860	at (the) most		①
			②

850	明日の朝は雨だが，午後には**晴れ上がる**はずだ。	It will rain tomorrow morning, but should _____ _____ in the afternoon.
851	私が入院していたとき，私の友達は**私を励まそう**としてくれた。	My friends tried to _____ **me** _____ when I was in the hospital.
852	英語の授業では辞書**を頼り**すぎないようにしましょう。	Try not to _____ too much _____ your dictionary in English classes.
853	生徒は教師**を当てにし**がちだが，彼らはもっと自立すべきだろうか。	Students tend to _____ _____ their teachers, but should they be more independent?
854	私たちはいつでもケンが良いアイデアを出してくれるの**を頼りにする**ことができる。	We can always _____ _____ Ken to have a good idea.
855	私たちはディスカッションで日本の教育**に焦点を合わせた**。	We _____ _____ education in Japan in the discussion.
856	**多かれ少なかれ**，誰もが他者に頼っている。	_____ _____ _____ everyone depends on others.
857	**遅かれ早かれ**，私たちは石油から作られるプラスチックの使用をやめねばならないだろう。	_____ _____ _____, we will have to stop using plastic made from oil.
858	マックスは**もはや**東京には住んで**いない**。彼は今シンガポールだ。	Max is _____ _____ living in Tokyo. He's now in Singapore.
859	私たちは**少なくとも**チームに4人必要だ。	We need _____ _____ four people for the team.
860	山頂まで**せいぜい**1時間しかかからないだろう。	It will take an hour _____ _____ to the top of the mountain.

反対の意味を持つ語をセットで覚える⑥　　　📖 P.170

	見出し語	意味	書きこみ①	書きこみ②	書きこみ③
861	**cooperate** [kouɑ́(ː)pərèɪt] コゥアパレイト				
862	**compete** [kəmpíːt] コンピート				
863	**capture** [kǽptʃər] キャプチャー				
864	**release** [rɪlíːs] リリース				
865	**increase** [ɪnkríːs] インクリース				
866	**decrease** [dìːkríːs] ディクリース				
867	**concentrate** [kɑ́(ː)ns(ə)ntrèɪt] カンセントレイト				
868	**distract** [dɪstrǽkt] ディストラクト				

文法・語法との関連で覚える㉓　２つの異なる意味に注意すべき語(2)

	見出し語	意味	書きこみ①	書きこみ②	書きこみ③
869	**company** [kʌ́mp(ə)ni] カンパニィ				
870	**respect** [rɪspékt] リスペクト				
871	**object** [ɑ́(ː)bdʒekt] アブジェクト				
872	**count** [kaʊnt] カゥント				

スペリングに注目して覚える⑨　動詞化する en を含む語　　　📖 P.172

	見出し語	意味	書きこみ①	書きこみ②	書きこみ③
873	**encourage** [ɪnkə́ːrɪdʒ] インカーリッジ				
874	**ensure** [ɪnʃúər] インシュァー				
875	**enable** [ɪnéɪb(ə)l] イネィブル				
876	**enrich** [ɪnrítʃ] インリッチ				
877	**entitle** [ɪntáɪt(ə)l] インタィトル				
878	**worsen** [wə́ːrs(ə)n] ワースン				
879	**frighten** [fráɪt(ə)n] フラィトゥン				

文法・語法との関連で覚える㉔　自動詞と他動詞で意味の違いに注意すべき動詞(2)

	見出し語	意味	書きこみ①	書きこみ②	書きこみ③
880	**escape** [ɪskéɪp] イスケィプ				
881	**search** [səːrtʃ] サーチ				
882	**reflect** [rɪflékt] リフレクト				

861	私たちはグループワークで**お互いに協力した**。	We ＿＿＿＿＿＿＿＿＿＿ **with each other** in our group work.
862	多くの生徒がスピーチコンテストで**お互いに競い合った**。	Many students ＿＿＿＿＿＿＿＿ **with each other** in the speech contest.
863	戦争中にたくさんのユダヤ**人が捕えられた**。	Many Jewish **people were** ＿＿＿＿＿＿＿＿ during the war.
864	警察に捕まった**男性は釈放された**。	**The man** caught by the police **was** ＿＿＿＿＿＿＿.
865	今月父の**給料が増えた**。	**My father's salary** ＿＿＿＿＿＿＿＿＿ this month.
866	バターの**価格が下がった**。	**The price** of butter **has** ＿＿＿＿＿＿＿.
867	十分な睡眠が取れていないと，私たちは**仕事に集中**できません。	If we don't get enough sleep, we cannot ＿＿＿＿＿＿ **on our work**.
868	テレビの騒音で**気が散ります**。消してください。	**The noise** from the TV ＿＿＿＿＿＿＿ **me**. Please turn it off.
869	たくさん冗談を言うのでカトリーナは**楽しい仲間**だ。	Catrina is **good** ＿＿＿＿＿＿＿ because she tells many jokes.
870	アメリカ英語とイギリス英語は**いくつかの点**で異なる。	American English and British English are different **in some** ＿＿＿＿＿.
871	あの**飛行物体**は何だ？ ドローン？	What is that **flying** ＿＿＿＿＿? A drone?
872	時間をむだにしてはいけない。**毎日が重要だ**。	Don't waste time. **Every day** ＿＿＿＿＿.
873	両親は音楽を勉強するよう私**に勧めた**。	My parents ＿＿＿＿＿＿＿＿ me **to study** music.
874	すべての荷物が安全な状態である**ことを確かめて**ください。	Please ＿＿＿＿＿＿ (**that**) all your baggage is kept safe.
875	医療の進歩は，将来より多くの人**が**100歳まで**生きることを可能にする**だろう。	Medical progress will ＿＿＿ more people **to live** to be 100 in the future.
876	新しい趣味を始めることは**生活を豊かにする**だろう。	Starting a new hobby will ＿＿＿＿＿ **your life**.
877	法の下では誰もが平等に**扱われる資格がある**。	Everyone **is** ＿＿＿＿＿＿ **to be treated** equally under the law.
878	戦争のために彼らの暮らしは**さらに悪くなった**。	**Their lives** ＿＿＿＿＿＿＿ because of the war.
879	私の赤ちゃんは花火**を怖がった**。	My baby **was** ＿＿＿＿＿＿＿＿ **by** the fireworks.
880	彼は昨日の自動車事故でかろうじて**死をまぬがれた**。	He **narrowly** ＿＿＿＿＿＿ **death** in a car crash yesterday.
880	昨日私のウサギがそのおりから**逃げた**。	My rabbit ＿＿＿＿＿＿ **from** its **cage** yesterday.
881	警察はその**家を捜索し**，盗まれた金を発見した。	The police ＿＿＿＿＿＿ **the house**, and found the stolen money.
881	警察はその家でその**金を探した**。	The police ＿＿＿＿＿＿ **for the money** in the house.
882	川は**太陽の光を反射**していた。	The river ＿＿＿＿＿＿ **the sunlight**.
882	彼は俳優としての**彼の人生**についてじっくり**考えた**。	He ＿＿＿＿＿＿ **on his life** as an actor.

スペリングに注目して覚える⑩ 「奉仕する」の意味の -serve で終わる動詞 📖 P.174

	見出し語	意味	書きこみ①	書きこみ②	書きこみ③
883	preserve [prɪzə́ːrv] プリザーヴ				
884	conserve [kənsə́ːrv] コンサーヴ				
885	observe [əbzə́ːrv] アブザーヴ				
886	deserve [dɪzə́ːrv] ディザーヴ				

似ていて紛らわしい語をセットで覚える⑮ 〈意味が似ている〉

	見出し語	意味	書きこみ①	書きこみ②	書きこみ③
887	admit [ədmít] アドミット				
888	acknowledge [əknɑ́(ː)lɪdʒ] アクナリッジ				
889	differ [dífər] ディファー				
890	vary [véəri] ヴェアリィ				

コロケーションで覚える⑱

	見出し語	意味	書きこみ①	書きこみ②	書きこみ③
891	sense [sens] センス				
892	direction [dərékʃ(ə)n] ディレクション				
893	attract [ətrǽkt] アトラクト				
894	attention [əténʃ(ə)n] アテンション				

似ていて紛らわしい語をセットで覚える⑯ 〈意味が似ている〉 📖 P.176

	見出し語	意味	書きこみ①	書きこみ②	書きこみ③
895	yell [jel] イエル				
896	scream [skriːm] スクリーム				
897	solve [sɑ(ː)lv] サルヴ				
898	resolve [rɪzɑ́(ː)lv] リザルヴ				
899	extend [iksténd] イクステンド				
900	expand [ikspǽnd] イクスパンド				
901	destroy [dɪstrɔ́ɪ] ディストロィ				
902	collapse [kəlǽps] コラプス				
903	gain [geɪn] ゲィン				
904	obtain [əbtéɪn] アブテイン				
905	encounter [inkáuntər] インカウンター				
906	confront [kənfrʌ́nt] コンフラント				

883	酢は長い間食べ物を保存するために使われてきた。	Vinegar has been used for a long time to ＿＿＿＿＿＿＿＿＿ **food**.
884	自然資源を保全するよう努めることは重要だ。	It is important to try to ＿＿＿＿＿＿＿＿＿ natural **resources**.
885	新しい先生が今日私たちの英語の授業を見学した。	A new teacher ＿＿＿＿＿＿＿＿＿ our English **class** today.
886	彼のスピーチは本当にすばらしかったのでその賞に値する。	He ＿＿＿＿＿＿＿＿＿ **the prize** because his speech was really good.
887	彼はついにその車を盗んだと認めた。	He **finally** ＿＿＿＿＿＿＿＿＿ (**that**) he had stolen the car.
888	当時，地球が丸いということを人々は認めていましたか。	Did people ＿＿＿＿＿＿＿＿＿ (**that**) the earth was round at that time?
889	彼らの意見は依然として私たちの（意見）とは大きく異なる。	Their opinions still ＿＿＿＿＿＿ **widely from** ours.
890	気温は北海道から沖縄でさまざまに異なる。	The temperatures ＿＿＿＿＿ **from** Hokkaido **to** Okinawa.
891 892	とても優れた方向感覚を持つ人もいるが，私はそうではない。	Some people have ＿＿ very good ＿＿＿＿＿ ＿＿＿ ＿＿＿＿＿＿＿＿, but I don't.
893 894	彼女は奇抜な服装でいつも注意を引いていた。	She always ＿＿＿＿＿＿＿＿＿ ＿＿＿＿＿＿＿＿＿ because of her unusual clothes.
895	母は静かにするようにと私たちに大声で叫んだ。	My mother ＿＿＿＿＿＿＿ **at us** to be quiet.
896	彼女は突然暗闇で悲鳴を上げた。	She suddenly ＿＿＿＿＿＿＿＿＿ **in the dark**.
897	この数学の問題を解くのに1時間かかった。	It took an hour to ＿＿＿＿＿＿ this **math problem**.
898	彼は近隣の人々の間の問題を解決した。	He ＿＿＿＿＿＿＿＿＿ **the problem** among the neighbors.
899	ジョージは来月までボストンでの滞在を延ばしたいと思っている。	George wants to ＿＿＿＿＿＿＿ **his stay** in Boston until next month.
900	私は読むことと聴くことによって英語の語彙を増やしています。	I am ＿＿＿＿＿＿＿＿＿ my **vocabulary** in English by reading and listening.
901	多くの家が戦争で破壊された。	Many **houses were** ＿＿＿＿＿＿＿＿＿ in the war.
902	屋根が崩れ落ちないように雪が除去された。	The snow was removed so that **the roof** would not ＿＿＿＿＿＿＿＿＿.
903	彼の絵画は近年人気を得てきている。	His paintings have ＿＿＿＿＿＿＿ **popularity** in recent years.
904	私は一生懸命数学の勉強をして，高得点を取った。	I studied math very hard, and ＿＿＿＿＿＿＿＿＿ **a high score**.
905	1人で海外を旅するといくつかの困難に直面するかもしれない。	You might ＿＿＿＿＿＿＿＿＿ some **difficulties** when you travel abroad alone.
906	もし問題に直面したら，冷静でいるよう努めるべきです。	If you **are** ＿＿＿＿＿＿＿＿＿ **with** a problem, you should try to be calm.

文法・語法との関連で覚える㉕　2つの目的語を取る動詞　　📖 P.178

	見出し語	意味	書きこみ①	書きこみ②	書きこみ③
907	offer [ɔ́:fər] オーファー				
908	owe [ou] オウ				
909	spare [speər] スペアー				

文法・語法との関連で覚える㉖　強意の働きを持つ副詞

	見出し語	意味	書きこみ①	書きこみ②	書きこみ③
910	especially [ıspéʃ(ə)li] イスペシャリィ				
911	particularly [pərtíkjələrli] パティキュラリィ				
912	definitely [déf(ə)nətli] デフィニトリィ				
913	precisely [prısáısli] プリサイスリィ				
914	absolutely [ǽbsəlù:tli] アブソルートリィ				
915	entirely [ıntáıərli] インタィアリィ				

文法・語法との関連で覚える㉗　文修飾としてよく用いられる副詞(1)

	見出し語	意味	書きこみ①	書きこみ②	書きこみ③
916	probably [prá(:)bəbli] プラバブリィ				
917	hopefully [hóupf(ə)li] ホゥプフリィ				
918	unfortunately [ʌnfɔ́:rtʃ(ə)nətli] アンフォーチュナトリィ				

コロケーションで覚える⑲　〈文化・文明〉　　📖 P.180

	見出し語	意味	書きこみ①	書きこみ②	書きこみ③
919	historical [hıstɔ́:rık(ə)l] ヒストリクル				
920	site [saıt] サィト				
921	shrine [ʃraın] シュラィン				
922	temple [témp(ə)l] テンプル				
923	national [nǽʃ(ə)n(ə)l] ナショナル				
924	museum [mjuzí(ː)əm] ミュジアム				
925	religious [rılídʒəs] リリジャス				
926	freedom [fríːdəm] フリーダム				
927	soul [soul] ソゥル				
928	exist [ıgzíst] イグジスト				
929	remote [rimóut] リモゥト				
930	ancestor [ǽnsestər] アンセスター				

907	古い友達が**私に仕事を提供してくれた**。	My old friend _____ **me a job**.
908	大学に行くために私は**両親に**たくさんの**お金を借りている**。	I _____ **my parents** a lot of **money** for going to college.
909	**私に**少し時間**を割いて**いただけませんか。	Could you _____ **me a minute**?
910	私はフルーツが好きだ。**特にメロン**が。	I like fruits, _____ **melons**.
911	私はスポーツが好きだ。**特にテニス**が。	I like sports, _____ **tennis**.
912	私は**確実に**宿題をしたのだが，それを学校に持ってくるのを忘れた。	I _____ **did my homework**, but I forgot to bring it to school.
913	政治に対する彼の意見は**まさしく**私の(意見)と**同じ**だ。	His views about politics **are** _____ **the same** as mine.
914	マッターホルンが雲間からのぞいていた。それは**本当にすばらしかった**。	The Matterhorn came out of the clouds. It **was** _____ **wonderful**.
915	大学で何を勉強すべきか**完全に確信している**わけではない。	I**'m** not _____ **sure** what I should study at college.
916	何が起こったのかについて，彼女は**おそらく真実を知っている**。	She _____ **knows the truth** about what happened.
917	**願わくは**，私たちの学園祭の日に雨が降らないで**ほしい**。	_____, it won't rain on the day of our school festival.
918	**不運にも**，雨のせいでその試合は中止された。	_____, the game was canceled because of rain.
919 920	ローマには非常にたくさんの**史跡**がある。	There are so many _____ _____ in Rome.
921 922	多くの海外旅行者は日本の古い**神社仏閣**が好きだ。	Many foreign tourists like old _____ _____ _____ in Japan.
923 924	東京**国立博物館**では今何を見ることができますか。	What can you see in the Tokyo _____ _____ now?
925 926	人々が**宗教の自由**を与えられていない国もある。	In some countries, people are not given _____ _____.
927 928	死後に**魂は存在する**と信じますか。	Do you believe that _____ _____ after death?
929 930	彼は織田信長が彼の**遠い祖先**だと言う。	He says (that) Oda Nobunaga is his _____ _____.

同じジャンルで覚える㊱　文化・文明に関する語　📖 P.182

	見出し語	意味	書きこみ①	書きこみ②	書きこみ③
931	ancient [éɪnʃ(ə)nt] エィンシェント				
932	modern [mάːʃdərn] マダーン				
933	prehistoric [prìːhɪstɔ́rɪk] プリーヒストーリック				
934	civilization [sìv(ə)ləzéɪʃ(ə)n] スィビリゼィション				
935	tradition [trədíʃ(ə)n] トラディション				
936	heritage [hérətɪdʒ] ヘリティジ				

似ていて紛らわしい語をセットで覚える⑰　〈意味が似ている〉

	見出し語	意味	書きこみ①	書きこみ②	書きこみ③
937	audience [ɔ́ːdiəns] オーディエンス				
938	spectator [spékteɪtər] スペクテイター				
939	belief [bɪlíːf] ビリーフ				
940	trust [trʌst] トラスト				
941	common [kά(ː)mən] カモン				
942	ordinary [ɔ́ːrd(ə)nèri] オーディネリィ				

コロケーションで覚える⑳　〈文化・文明〉　📖 P.184

	見出し語	意味	書きこみ①	書きこみ②	書きこみ③
943	statue [stǽtʃuː] スタチュー				
944	liberty [líbərti] リバーティ				
945	discover [dɪskʌ́vər] ディスカバー				
946	treasure [tréʒər] トレジャー				
947	origin [ɔ́ːrɪdʒɪn] オーリジン				
948	mankind [mὲnkáɪnd] マンカィンド				
949	translate [trǽnsleɪt] トランスレィト				
950	novel [nά(ː)v(ə)l] ナヴェル				
951	folk [foʊk] フォゥク				
952	tale [teɪl] テイル				
953	musical [mjúːzɪk(ə)l] ミュージカル				
954	instrument [ínstrəmənt] インストルメント				

931	私は今中国の**古代史**について読んでいる。	I'm now reading about _____ **history** in China.
932	**現代芸術**は私には理解しにくい。	_____ **art** is difficult for me to understand.
933	私の都市にはいくつかの**先史時代の遺跡**がある。	There are some _____ **sites** in my city.
934	私たちは**ギリシャ文明**について学校で学んだ。	We learned about **Greek** _____ at school.
935	元日に神社か寺にお参りするのは**日本の伝統**だ。	Visiting a shrine or a temple on New Year's Day is **a Japanese** _____.
936	イタリアは小さいが，多くの**世界遺産地**がある。	Italy is small, but it has many **World** _____ **sites**.
937	私は**大勢の聴衆**の前でスピーチをした。	I made a speech in front of **a large** _____.
938	スタジアムには**大勢の観客**がいた。	There were **many** _____ in the stadium.
939	地球が平らだ**という信念**はもはや持たれていない。	**The** _____ **that** the earth is flat is no longer held.
940	**信頼の欠如**により，彼らは合意に達することができなかった。	Because of **the lack of** _____, they could not reach an agreement.
941	**エコカー**が今**普及**してきている。	**Eco-cars** are **becoming** _____ now.
942	**一般の人**にはこの車は買えない。高すぎる！	_____ **people** can't buy this car. It's too expensive!
943 944	**自由の(女神)像**はフランスからの贈り物だと知っていましたか。	Did you know that **the** _____ **of** _____ was a present from France?
945 946	カーターは砂の中からたくさんのエジプトの**宝を発見した**。	Carter _____ many Egyptian _____ in the sand.
947 948	**人類の起源**についてはさまざまな説がある。	There are various opinions about **the** _____ **of** _____.
949 950	村上春樹の**小説**はよく英語に**翻訳される**。	Haruki Murakami's _____ are often _____ **into English**.
951 952	『桃太郎』は日本の有名な**民話**だ。	*Momotaro* is ___ famous Japanese _____ _____.
953 954	何か**楽器**を演奏できますか。	Can you play any _____ _____ ?

同じジャンルで覚える㊗ 出版・報道に関する語　📖 P.186

	見出し語	意味	書きこみ①	書きこみ②	書きこみ③
955	**author** [ɔ́ːθər] オーサー				
956	**publish** [pʌ́blɪʃ] パブリッシュ				
957	**press** [pres] プレス				
958	**article** [ɑ́ːrtɪk(ə)l] アーティクル				

似ていて紛らわしい語をセットで覚える⑱ 〈意味が似ている〉

	見出し語	意味	書きこみ①	書きこみ②	書きこみ③
959	**create** [kriéɪt] クリエィト				
960	**invent** [ɪnvént] インヴェント				
961	**inspire** [ɪnspáɪ(ə)r] インスパィアー				
962	**stimulate** [stímjəlèɪt] スティミュレィト				
963	**complete** [kəmplíːt] カンプリート				
964	**fulfill** [fʊlfíl] フルフィル				
965	**accomplish** [əká(ː)mplɪʃ] アカンプリッシュ				
966	**attain** [ətéɪn] アテイン				

同じジャンルで覚える㊳ 芸術に関する語（1）　📖 P.188

	見出し語	意味	書きこみ①	書きこみ②	書きこみ③
967	**artistic** [ɑːrtístɪk] アーティスティック				
968	**drawing** [drɔ́ːɪŋ] ドローイング				
969	**performance** [pərfɔ́ːrməns] パフォーマンス				
970	**exhibition** [èksɪbíʃ(ə)n] エクスィビション				
971	**gallery** [gǽl(ə)ri] ギャラリィ				

スペリングに注目して覚える⑪ 「押す」の意味の -press で終わる動詞（1）

	見出し語	意味	書きこみ①	書きこみ②	書きこみ③
972	**impress** [ɪmprés] インプレス				
973	**express** [ɪksprés] イクスプレス				

スペリングに注目して覚える⑫ -ry で終わる集合名詞

	見出し語	意味	書きこみ①	書きこみ②	書きこみ③
974	**scenery** [síːn(ə)ri] スィーナリィ				
975	**machinery** [məʃíːn(ə)ri] マシーナリィ				
976	**stationery** [stéɪʃənèri] ステイショネリィ				

955	この本は私の好きな著者によって書かれた。	This book was written by **my favorite** ＿＿＿＿＿＿.
956	「風と共に去りぬ」という小説が1936年に出版された。	**The novel** called "Gone with the Wind" **was** ＿＿＿＿＿＿＿＿＿＿＿ in 1936.
957	私は地方新聞でその事故について読んだ。	I read about the accident in **the local** ＿＿＿＿＿＿.
958	今日の新聞で面白い記事を読んだ。	I read **an interesting** ＿＿＿＿＿＿＿ in today's paper.
959	ミケランジェロはたくさんの有名な芸術作品を創作した。	Michelangelo ＿＿＿＿＿＿＿＿ many famous **works of art**.
960	誰が電話を発明したか知っていますか。	Do you know who ＿＿＿＿＿＿＿＿＿ **the telephone**?
961	ゴッホは浮世絵からひらめきを得た。	Van Gogh **was** ＿＿＿＿＿＿＿＿＿ by *ukiyoe*.
962	子どもに物語を読み聞かせると彼らの想像力を刺激する。	Reading stories to children ＿＿＿＿＿＿＿＿ **their imaginations**.
963	青函トンネルは1988年に完成した。	The Seikan **Tunnel was** ＿＿＿＿＿＿＿＿＿＿ in 1988.
964	その新しい交通システムは住民のニーズを満たした。	The new transportation system ＿＿＿＿＿＿＿＿ **the needs** of the residents.
965	彼女は政治家としての最初の年に多くのことを成し遂げた。	She ＿＿＿＿＿＿＿＿＿＿＿ **many things** in her first year as a politician.
966	この講座ではたくさんの生徒がAの成績を取った。	Many students ＿＿＿＿＿＿＿＿ **"A" grades** in this course.
967	子どもたちにはその芸術的能力を表に出す機会が必要だ。	Children need opportunities to express **their** ＿＿＿＿＿＿＿ **abilities**.
968	その画家は多くの美しい鉛筆画を描いた。	The artist made many beautiful **pencil** ＿＿＿＿＿＿＿＿.
969	「キャッツ」の初上演は1981年でした。	**The first** ＿＿＿＿＿＿＿＿＿＿ of "Cats" was in 1981.
970	今，この美術館ではフランスの絵画の特別展があります。	There is now **a special** ＿＿＿＿＿＿＿＿＿＿ of French paintings in this museum.
971	この地域には私設の画廊がたくさんある。	There are many **private** ＿＿＿＿＿＿＿＿ around this area.
972	私は気候変動についての彼のスピーチに大いに感銘を受けた。	I **was** very ＿＿＿＿＿＿＿＿＿ **by** his speech about climate change.
973	言葉で感情を表現することは時に難しい。	It is sometimes difficult to ＿＿＿＿＿＿＿＿ **your feelings** in words.
974	私たちはスイスの美しい景色を楽しんだ。	We enjoyed the **beautiful** ＿＿＿＿＿＿＿＿ in Switzerland.
975	彼は工場で重機の操作方法を学んだ。	He learned how to operate **heavy** ＿＿＿＿＿＿＿＿＿＿ in the factory.
976	私はペンを何本か買いに文房具店に行った。	I went to **a** ＿＿＿＿＿＿＿＿＿＿ **store** to buy some pens.

コロケーションで覚える㉑ 〈社会〉 📖 P.190

	見出し語	意味	書きこみ①	書きこみ②	書きこみ③
977	**local** [lóuk(ə)l] ロウカル				
978	**community** [kəmjúːnəti] カミューニティ				
979	**social** [sóuʃ(ə)l] ソウシャル				
980	**security** [sɪkjúərəti] シキュリティ				
981	**shortage** [ʃɔ́ːrtɪdʒ] ショーティッジ				
982	**volunteer** [vὰ(ː)ləntíər] ヴァランティアー				
983	**generation** [dʒènəréɪʃ(ə)n] ジェネレイション				
984	**gap** [gæp] ギャップ				
985	**former** [fɔ́ːrmər] フォーマー				
986	**mayor** [méɪər] メイアー				
987	**right** [raɪt] ライト				
988	**vote** [vout] ヴォウト				

コロケーションで覚える㉒ 〈犯罪〉 📖 P.192

	見出し語	意味	書きこみ①	書きこみ②	書きこみ③
989	**commit** [kəmít] コミット				
990	**crime** [kraɪm] クライム				
991	**arrest** [ərést] アレスト				
992	**criminal** [krímɪn(ə)l] クリミナル				
993	**investigate** [ɪnvéstɪgèɪt] インヴェスティゲイト				
994	**murder** [mə́ːrdər] マーダー				
995	**collect** [kəlékt] コレクト				
996	**evidence** [évɪd(ə)ns] エヴィデンス				

同じジャンルで覚える㊉ 犯罪に関する語

	見出し語	意味	書きこみ①	書きこみ②	書きこみ③
997	**violence** [vá(ɪ)ələns] ヴァイオレンス				
998	**steal** [stiːl] スティール				
999	**thief** [θiːf] スィーフ				
1000	**robbery** [rá(ː)b(ə)ri] ラバリー				

977 978	私の**地域社会**では，時々行事がある。	We sometimes have events in my _____ _____.
979 980	**社会保障**は政治家によって議論されるべきとても重要な問題だ。	_____ _____ is a very important problem to be discussed by politicians.
981 982	その台風のあと，**ボランティアの不足**が報告された。	A _____ **of** _____ was reported after the typhoon.
983 984	親子の間にはいつでも**世代間の(考え方の)隔たり**がある。	There is always **a** _____ _____ between parents and their children.
985 986	私たちの市の**前市長**が講演をするために私の学校にやってきた。	The _____ _____ of our city came to my school to give us a lecture.
987 988	日本では18歳以上の人には**投票権**がある。	People who are 18 or over have **the** _____ **to** _____ in Japan.
989 990	男性の方が女性よりも多くの**犯罪を行う**傾向がある。	Men tend to _____ more _____ than women.
991 992	警察はついに月曜日の朝に**犯人を逮捕した**。	The police finally _____ **the** _____ on Monday morning.
993 994	警察は今なお**殺人(事件)を調査**している。	The police are still _____ **the** _____.
995 996	彼がその金を盗んだと決定づける十分な**証拠が集まった**。	Enough _____ **was** _____ to decide that he had stolen the money.
997	**暴力**は何も解決しないだろう。	_____ will **solve nothing**.
998	もし私のパスポートが**盗まれたら**，どうすべきですか。	If **my passport is** _____, what should I do?
999	新聞によれば**宝石泥棒**は私の近所に潜んでいたようだ。	The paper says that the **jewel** _____ had been hiding in my neighborhood.
1000	警察は**銀行強盗**の現場に急行した。	The police rushed to the site of the _____ _____.

同じジャンルで覚える⑥ 司法に関する語　📖 P.194

	見出し語	意味	書きこみ①	書きこみ②	書きこみ③
1001	court [kɔːrt] コート				
1002	judge [dʒʌdʒ] ジャッジ				
1003	legal [líːg(ə)l] リーガル				
1004	witness [wítnəs] ウィットネス				
1005	clue [kluː] クルー				
1006	guilty [gílti] ギルティ				
1007	innocent [ínəs(ə)nt] イノセント				
1008	trial [tráɪ(ə)l] トライアル				
1009	prison [príz(ə)n] プリズン				

同じジャンルで覚える⑥ 社会福祉に関する語

	見出し語	意味	書きこみ①	書きこみ②	書きこみ③
1010	welfare [wélfèər] ウェルフェアー				
1011	pension [pénʃ(ə)n] ペンション				
1012	tax [tæks] タックス				

コロケーションで覚える㉓ 〈政治〉　📖 P.196

	見出し語	意味	書きこみ①	書きこみ②	書きこみ③
1013	democratic [dèməkrǽtɪk] デモクラティック				
1014	government [gʌ́vərnmənt] ガヴァーンメント				
1015	political [pəlítɪk(ə)l] ポリティカル				
1016	party [pɑ́ːrti] パーティ				
1017	adopt [ədɑ́(ː)pt] アダプト				
1018	policy [pɑ́(ː)ləsi] パリスィ				
1019	public [pʌ́blɪk] パブリック				
1020	opinion [əpínjən] アピニョン				
1021	candidate [kǽndɪdèɪt] カンディデイト				
1022	election [ɪlékʃ(ə)n] イレクション				
1023	maintain [meɪntéɪn] メインテイン				
1024	relation [rɪléɪʃ(ə)n] リレイション				

1001	その刑事事件は今上級裁判所で審議されている。	The criminal case is now being considered in **a higher** _____.
1002	弁護士たちは裁判官の判決に満足した。	The lawyers were satisfied with the _____ **'s decision**.
1003	ニュージーランドで飲酒が認められる法定年齢はいくつですか。	What is **the** _____ **age** for drinking in New Zealand?
1004	警察はその事故の目撃者を探している。	The police are looking for _____ **to the accident**.
1005	警察はその事件に関する手がかりを集めようとしている。	The police are trying to **collect** any _____ to the case.
1006	彼は会社の金庫の金を盗んだことで有罪になった。	He **was** _____ **of stealing** money from a safe in his company's office.
1007	多くの罪なき人々が戦争で亡くなった。	Many _____ **people** were killed in the war.
1008	彼の初公判は金曜日に開かれる。	**His first** _____ will be held on Friday.
1009	彼は15年間刑務所に入らなければならなかった。	He had to **stay in** _____ for 15 years.
1010	より良い福祉制度にはたいていより多くの費用がかかる。	Better _____ **programs** usually cost more.
1011	私の祖父母は今は年金で暮らしている。	My grandparents are now **living on a** _____.
1012	日本のたばこ税は他の多くの国よりも低い。	_____ **on cigarettes** in Japan are lower than in many other countries.
1013 1014	民主政治のもとでは，政治家たちはさまざまな意見を持つことができる。	Politicians can have different opinions under **a** _____ _____.
1015 1016	あなたはどちらの政党を支持しますか。	Which _____ _____ do you support?
1017 1018	政府は2年前に新しい経済政策を採用した。	The government _____ **a** new economic _____ two years ago.
1019 1020	政治家が決断を下す際は，世論に耳を傾けるべきだ。	When politicians make decisions, they should listen to _____ _____.
1021 1022	その選挙では5人の立候補者がいる。	There are five _____ **for the** _____.
1023 1024	その2国は良好な関係を保っている。	The two countries _____ **good** _____.

104

コロケーションで覚える㉔ 〈軍事〉 📖 P.198

	見出し語	意味	書きこみ①	書きこみ②	書きこみ③
1025	**bomb** [bɑ(:)m] バム				
1026	**explode** [ıksplóud] イクスプロゥド				
1027	**military** [mílətèri] ミリテリィ				
1028	**facility** [fəsíləti] ファスィリティ				
1029	**possess** [pəzés] ポゼス				
1030	**nuclear** [njúːkliəɾ] ニュークリァー				
1031	**weapon** [wép(ə)n] ウェポン				

同じジャンルで覚える㉒ 国際政治・紛争に関する語

	見出し語	意味	書きこみ①	書きこみ②	書きこみ③
1032	**nation** [néɪʃ(ə)n] ネィション				
1033	**politics** [pá(:)lətiks] パリティックス				
1034	**border** [bɔ́ːrdəɾ] ボーダー				
1035	**victim** [víktım] ヴィクティム				
1036	**battle** [bǽt(ə)l] バトル				
1037	**enemy** [énəmi] エネミィ				

コロケーションで覚える㉕ 〈経済〉 📖 P.200

	見出し語	意味	書きこみ①	書きこみ②	書きこみ③
1038	**global** [glóub(ə)l] グロゥバル				
1039	**scale** [skeıl] スケィル				
1040	**fair** [feəɾ] フェアー				
1041	**trade** [treıd] トレィド				
1042	**domestic** [dəméstık] ドメスティック				
1043	**market** [máːrkət] マーケット				
1044	**financial** [fənǽnʃ(ə)l] フィナンシャル				
1045	**situation** [sìtʃuéıʃ(ə)n] スィチュエィション				
1046	**vacant** [véık(ə)nt] ヴェィカント				
1047	**position** [pəzíʃ(ə)n] ポジション				
1048	**unemployment** [ʌ̀nımplɔ́ımənt] アンインプロィメント				
1049	**rate** [reıt] レィト				

1025 1026	爆弾が爆発したが，けが人はいなかった。	A _____ _____, but no one was hurt.
1027 1028	戦争においては，たいてい**軍事施設**が最初に攻撃される。	_____ _____ are usually attacked first in war.
1029 1030 1031	いかなる国も**核兵器を保有すべき**ではないという考えに賛成ですか。	Do you agree that no country should _____ _____ _____?
1032	アフリカには多くの**若い国家**がある。	There are many **young** _____ in Africa.
1033	私はもっと**政治について学び**たいです。	I would like to **learn** more **about** _____.
1034	ロシアの兵士と戦車がウクライナとの**国境を越えた**。	Russian soldiers and tanks **crossed the** _____ with Ukraine.
1035	戦争の**犠牲者**には女性と子どもがしばしば含まれる。	The _____ **of war** often include women and children.
1036	**関ケ原の戦い**は 1600 年にあった。	**The** _____ **of Sekigahara** was in 1600.
1037	戦争中，多くの**敵**が捕らえられた。	Many _____ **were caught** in the war.
1038 1039	経済は**世界規模**で良くなっていると思いますか。	Do you think the economy is improving **on a** _____ _____?
1040 1041	私たちは，発展途上国と先進国との間の**公正な取引**を奨励すべきだ。	We should encourage _____ _____ between developing and developed countries.
1042 1043	この車は**国内市場**で大変人気だ。	This car is very popular in **the** _____ _____.
1044 1045	その会社の**財政状況**は今のところかんばしくない。	The company's _____ _____ is not good at present.
1046 1047	10 人の人たちが，たった 1 つの**空きポスト**に応募した。	Ten people applied for only one _____ _____.
1048 1049	今年の**失業率**は去年に比べ 1 ％下がった。	**The** _____ _____ this year dropped by 1% from last year.

同じジャンルで覚える㉖　仕事に関する語　　📖 P.202

	見出し語	意味	書きこみ①	書きこみ②	書きこみ③
1050	career [kəríər] カリァー				
1051	routine [ru:tí:n] ルーティーン				
1052	commute [kəmjú:t] カミュート				
1053	efficiency [ɪfíʃ(ə)nsi] イフィシェンシー				
1054	rest [rest] レスト				
1055	leisure [lí:ʒər] リージャー				

同じジャンルで覚える㉔　仕事にまつわる「人」

	見出し語	意味	書きこみ①	書きこみ②	書きこみ③
1056	colleague [ká(:)li:g] カリーグ				
1057	client [kláɪ(ə)nt] クラィエント				
1058	customer [kʌ́stəmər] カスタマー				
1059	secretary [sékrətèri] セクレテリィ				
1060	agent [éɪdʒ(ə)nt] エィジェント				
1061	clerk [klə:rk] クラーク				

コロケーションで覚える㉖　〈産業〉　　📖 P.204

	見出し語	意味	書きこみ①	書きこみ②	書きこみ③
1062	develop [dɪvéləp] ディヴェラァップ				
1063	product [prá(:)dʌkt] プラダクト				
1064	lower [lóʊər] ロゥアー				
1065	quality [kwá(:)ləti] クワリティ				

同じジャンルで覚える㉕　雇用・人事に関する語

	見出し語	意味	書きこみ①	書きこみ②	書きこみ③
1066	hire [haɪər] ハィアー				
1067	promote [prəmóʊt] プロモゥト				
1068	retire [rɪtáɪər] リタィアー				
1069	quit [kwɪt] クィット				
1070	resign [rizáɪn] リザィン				

スペリングに注目して覚える⑬　-s で終わる名詞

	見出し語	意味	書きこみ①	書きこみ②	書きこみ③
1071	goods [gʊdz] グッズ				
1072	valuables [væljəb(ə)lz] ヴァリュアブルズ				
1073	means [mi:nz] ミーンズ				

1050	彼には教師としての**長い職歴**がある。	He had **a long** _____ as a teacher.
1051	赤ちゃんを産んだことで彼女の**毎日の日課**は大きく変わった。	Having a baby has made a big change to her **daily** _____.
1052	私の父はここから**東京**まで新幹線で**通勤している**。	My father _____ **to Tokyo** by *Shinkansen* from here.
1053	小型車は**燃料効率**がよい場合が多い。	Small cars often have better **fuel** _____.
1054	いつも働いているのはよくない。もっと**休憩を取る**べきだ。	Working all the time is not good. We should **take a** _____ more often.
1055	日本の実業家たちはもっと**余暇の時間**を持つべきだ。	Japanese business people should have more _____ **time**.
1056	彼女はそのプロジェクトで**男性の同僚**とともに働くのを楽しんだ。	She enjoyed working with her **male** _____ on the project.
1057	A社は私たちにとって最も重要な**取引先**の1つだ。	Company A is one of our most **important** _____.
1058	そのレストランはいつも**常連客**で込み合っている。	The restaurant is always crowded with **regular** _____.
1059	私の姉は地方銀行で**秘書として働いている**。	My sister **works as a** _____ for a local bank.
1060	私は海外に行く際はいつも同じ**旅行代理店**を利用している。	I always use the same **travel** _____ when I go abroad.
1061	私の父は**銀行員**だ。	My father is **a bank** _____.
1062 1063	ほとんどの会社が常に新**製品を開発し**ようとしている。	Most companies are always trying to _____ new _____.
1064 1065	コストを削減するため，使われる材料の**質を下げる**会社もある。	To reduce costs, some companies _____ **the** _____ of the materials used.
1066	その会社はこの4月，20名の新しい**従業員を雇った**。	The company _____ twenty new **workers** this April.
1067	**私の父は出世した**ので，給料が上がった。	**My father was** _____, so his salary has increased.
1068	日本では今，**65歳で退職する**人が増えている。	More and more people _____ **at 65** now in Japan.
1069	私のおじは**仕事をやめて**レストランを開いた。	My uncle _____ **his job** and opened a restaurant.
1070	彼女は**秘書をやめ**，音楽を学びにウィーンに行った。	She _____ **as a secretary** and went to Vienna to study music.
1071	この店は多くの**役に立つ品物**を安価で売っている。	This store sells many **useful** _____ at low prices.
1072	ホテルに滞在する際は，私は決して**貴重品を**部屋に**放置**しない。	While staying in a hotel, I never **leave my** _____ in my room.
1073	ジェスチャーは**1つのコミュニケーション手段**だ。	Gesture is **a** _____ **of communication**.

STAGE 2 | Unit 94·95 | テーマ ◆◆◆ 経済・産業①

学習日 ＿＿月＿＿日

コロケーションで覚える㉗　　　📖 P.206

	見出し語	意味	書きこみ①	書きこみ②	書きこみ③
1074	harvest [háːrvɪst] ハーヴィスト				
1075	wheat [(h)wiːt] ウィート				
1076	organic [ɔːrɡǽnɪk] オーガニック				
1077	farming [fáːrmɪŋ] ファーミング				
1078	present [préz(ə)nt] プレゼント				
1079	circumstance [sə́ːrkəmstæns] サーカムスタンス				

同じジャンルで覚える㊅　農業に関する語(1)

	見出し語	意味	書きこみ①	書きこみ②	書きこみ③
1080	agriculture [ǽɡrɪkʌ̀ltʃər] アグリカルチャー				
1081	grow [ɡrou] グロウ				
1082	crop [krɑ(ː)p] クラップ				
1083	seed [siːd] スィード				

同じジャンルで覚える㊆　産業(製造・購買)に関する語　　　📖 P.208

	見出し語	意味	書きこみ①	書きこみ②	書きこみ③
1084	industry [índəstri] インダストリィ				
1085	commerce [kɑ́(ː)məːrs] カマース				
1086	advertise [ǽdvərtàɪz] アドヴァータイズ				
1087	deliver [dɪlívər] ディリヴァー				
1088	purchase [pə́ːrtʃəs] パーチャス				
1089	consume [kənsúːm] コンスーム				
1090	produce [prədjúːs] プロデュース				
1091	invest [ɪnvést] インヴェスト				
1092	profit [prɑ́(ː)fət] プラフィット				

スペリングに注目して覚える⑭　「外へ」の意味の ex- で始まる語(1)

	見出し語	意味	書きこみ①	書きこみ②	書きこみ③
1093	export [ɪkspɔ́ːrt] イクスポート				
1094	exclude [ɪksklúːd] イクスクルード				
1095	explore [ɪksplɔ́ːr] イクスプロー				

STAGE 2 | Unit 94·95 | テーマ ◆◆◆ 経済・産業①

109

1074 1075	**小麦を収穫する**時期はいつですか。	When is the time to _____ _____?
1076 1077	**有機農業**では普通化学物質を使わない。	Chemicals are not usually used in _____ _____.
1078 1079	**現状**では，私に車を買う余裕はない。	Under **the** _____ _____, I cannot afford to buy a car.
1080	**農業に従事する人**の数は減っているのですか。	Is the number of **people in** _____ decreasing?
1081	日本産のジャガイモのうちの約80%が北海道で**栽培される**。	About 80% of Japanese **potatoes are** _____ in Hokkaido.
1082	アイルランドの**主要作物**は何ですか。	What are **the main** _____ in Ireland?
1083	私は家庭菜園で**マメを種から**育てています。	I **grow beans from** _____ in my vegetable garden.
1084	カナダの**主要産業**は何ですか。	What are **the major** _____ in Canada?
1085	**インターネット上の商取引**は商店やデパートにとって脅威だ。	**Internet** _____ is a threat to shops and department stores.
1086	今インターネット上で**製品を宣伝する**ことが非常に人気だ。	It is very popular to _____ **products** on the Internet now.
1087	私は昨日，新しい**ソファーを配達して**もらった。	I **had a** new **sofa** _____ yesterday.
1088	その学校は去年，生徒のために200台の**タブレットを購入した**。	The school _____ 200 **tablets** for the students last year.
1089	この冷蔵庫は旧モデルのたった半分しか**電力を消費し**ない。	This refrigerator _____ only half the **electricity** of old models.
1090	私たちの会社は車の**部品を製造して**いる。	Our company _____ car **parts**.
1091	彼は**大金を**金**に投資した**。	He _____ a lot of **money in gold**.
1092	オンラインで衣服を販売することで，その会社は多額の**利益を上げた**。	The company **made a** large _____ by selling clothes online.
1093	オーストラリアはアジアの国々に**石炭を輸出している**。	Australia _____ **coal** to Asian countries.
1094	菜食主義者は食事から**肉製品**と魚**を除外する**。	Vegetarians _____ **meat products** and fish from their diet.
1095	ヨーロッパから来た多くの人たちが**アフリカを探検した**。	Many people from Europe _____ **Africa**.

基本動詞で表す表現　〈take を用いた表現〉（2）

📖 P.210

見出し語	意味	書きこみ
1096 **take in** A[A **in**]		①
		②
1097 **take up** A[A **up**]		①
		②
1098 **take over** A[A **over**]		①
		②

基本動詞で表す表現　〈stand を用いた表現〉

見出し語	意味	書きこみ
1099 **stand for** A		①
		②
1100 **stand by** A		①
		②
1101 **stand out**		①
		②

基本動詞で表す表現　〈set を用いた表現〉

見出し語	意味	書きこみ
1102 **set about** A		①
		②
1103 **set off**		①
		②
1104 **set in**		①
		②
1105 **set up** A[A **up**]		①
		②

📖 P.211

1096	年配の人々は彼らの息子のふりをする人に**だまされ**がちだ。	Elderly people tend to be ＿＿＿＿＿＿ ＿＿＿ by someone pretending to be their son.
1097	趣味がたくさんの時間**をとる**ことがある。	Hobbies can ＿＿＿＿＿ ＿＿＿ a lot of time.
1098	ジェームスは彼の父親から家業**を引き継いだ**。	James has ＿＿＿＿＿＿ ＿＿＿＿＿ the family business from his father.
1099	AI は何**を表して**いますか。	What does AI ＿＿＿＿＿ ＿＿＿?
1100	私が困っているとき，彼はいつも私**を助けてくれる**。	He always ＿＿＿＿＿＿ ＿＿＿ me when I'm in trouble.
1101	私は彼の絵は皆好きだが，これは最高のものとして実に**際立っている**。	I like all his paintings, but this one really ＿＿＿＿＿＿ ＿＿＿＿ as the best.
1102	私たちは早急にプレゼンテーションの準備**に取りかかる**べきだ。	We should ＿＿＿ ＿＿＿＿＿＿ preparing for our presentation very soon.
1103	私たちは飛行機に乗るために朝早く**出発し**なければならない。	We must ＿＿＿ ＿＿＿ early in the morning to catch our plane.
1104	九州ではすでに梅雨が**始まって**いる。	The rainy season has already ＿＿＿ ＿＿ in Kyushu.
1105	私の父はいつか自分の会社**を始める**つもりだと言っている。	My father says he is going to ＿＿＿ ＿＿＿ his own company someday.

基本動詞で表す表現　〈make を用いた表現〉(2)　　　📖 P.212

	見出し語	意味	書きこみ
1106	make it		① ②
1107	make up *one's* mind		① ②
1108	make the best of A		① ②
1109	make use of A		① ②
1110	make fun of A		① ②
1111	make sure of A		① ②

〈be＋形容詞(過去分詞)＋to *do*〉の表現

	見出し語	意味	書きこみ
1112	be likely to *do*		① ②
1113	be about to *do*		① ②
1114	be willing to *do*		① ②
1115	be eager to *do*		① ②
1116	be welcome to *do*		① ②
1117	be determined to *do*		① ②
1118	be supposed to *do*		① ②

1106	私は午後 6 時だと**都合がつか**ない。私たちは時間を変えられますか。	I can't ＿＿＿＿＿＿ ＿＿ for six p.m. Can we change the time?
1107	春休みにどこへ行くか私は**決心がつかない**。	I can't ＿＿＿＿＿＿ ＿＿＿ ＿＿＿＿ ＿＿＿＿＿＿ where to go for spring vacation.
1108	悪い状況**を最大限に利用する**よう常に心がけよう。	Always try to ＿＿＿＿＿＿ ＿＿＿＿＿ ＿＿＿＿ a bad situation.
1109	私はホテルのジム**を利用する**時間がなかった。	I didn't have time to ＿＿＿＿＿＿ ＿＿＿＿＿ ＿＿＿ the gym in the hotel.
1110	どのような状況においても，私たちは他の生徒**をからかって**はならない。	We must not ＿＿＿＿＿＿ ＿＿＿＿ ＿＿＿ other students under any circumstances.
1111	車で新しい場所に行く前に私はいつも道順**を確かめる**。	I always ＿＿＿＿＿＿ ＿＿＿＿＿＿ ＿＿＿ the directions before I drive to a new area.
1112	明日は**雪が降りそうだ**。	It ＿＿＿ ＿＿＿＿＿＿ ＿＿＿ ＿＿＿＿＿＿ tomorrow.
1113	電話が鳴ったとき，私は**まさにお風呂に入ろうとしたところ**だった。	I ＿＿＿＿＿＿ ＿＿＿＿＿＿ ＿＿ ＿＿＿ ＿＿＿ the bath when the phone rang.
1114	あなた**のお手伝いをしてもかまわない**のですが，今日はだめです。	I ＿＿＿ ＿＿＿＿＿＿＿＿＿ ＿＿＿ ＿＿＿＿＿＿ you, but not today.
1115	私たちは皆修学旅行でオーストラリアの学校**を訪れることを熱望している**。	We ＿＿＿＿ all ＿＿＿＿＿＿＿ ＿＿ ＿＿＿＿ a school in Australia on our school trip.
1116	もし日本に来たら，**いつでも私を訪ねてきていい**ですよ。	You ＿＿＿＿ always ＿＿＿＿＿＿＿＿＿＿ ＿＿ ＿＿＿＿＿ me if you come to Japan.
1117	彼女は今度はオリンピックのメダル**を取ろうと決意していた**。	She ＿＿＿＿＿＿ ＿＿＿＿＿＿ ＿＿ ＿＿＿＿＿ an Olympic medal this time.
1118	私は家**の掃除をすることになっていた**が，しなかった。	I ＿＿＿＿＿＿ ＿＿＿＿＿＿＿ ＿＿＿ ＿＿＿＿＿＿ the house, but I didn't.

似た意味の表現（2）

P.214

見出し語	意味	書きこみ
1119 all at once		① ②
1120 all of a sudden		① ②
1121 by chance		① ②
1122 by accident		① ②
1123 as a matter of fact		① ②
1124 in fact		① ②
1125 in a sense		① ②
1126 in a way		① ②
1127 let alone A		① ②
1128 not to mention A		① ②
1129 to say nothing of A		① ②
1130 keep up with A		① ②
1131 catch up (with A)		① ②

| 1119 | **突然**，明かりが消えた。 | _____ ____ _____, the lights went off. |

| 1120 | **突然**，車が現れて私をはねるところ だった。 | _____ ____ __ _____, a car appeared and nearly hit me. |

| 1121 | 私は昨日東京で**偶然**シンジを見かけ た。 | I saw Shinji in Tokyo _____ _____ yesterday. |

| 1122 | 彼は**うっかりして**メールを削除した。 | He deleted his e-mails _____ _____. |

| 1123 | 彼はステーキを食べない。**実は**彼は ベジタリアンだ。 | He doesn't eat steak. _____ __ _____ ____ _____, he is a vegetarian. |

| 1124 | 彼はとても上手に英語を話す。**実際**， 彼の母親はアメリカ人だ。 | He speaks very good English. _____ _____, his mother is American. |

| 1125 | パートタイムで働くほうが**ある意味** 良い，より自由な時間があるから。 | Working part-time is ____ __ _____ better, because there is more free time. |

| 1126 | 彼女が言ったことは**ある意味**正し かった。 | What she said was right ____ __ _____. |

| 1127 | 彼女はベジタリアンなので魚すら食 べない，肉**は言うまでもない**。 | She is a vegetarian, so she doesn't even eat fish, _____ _____ meat. |

| 1128 | サッカーは日本で人気のスポーツだ， 野球**は言うまでもない**。 | Soccer is a popular sport in Japan, _____ ____ _____ baseball. |

| 1129 | そのレストランの食べ物はひどかっ た，サービス**は言うまでもない**。 | The food at the restaurant was awful, ____ _____ _____ ____ the service. |

| 1130 | あなたは歩くのが速すぎる。私はあ なた**についていけない**。 | You are walking too fast. I can't _____ ____ _____ you. |

| 1131 | そのスケーターは前の人**に追いつこ う**としたができなかった。 | The skater tried to _____ ____ _____ the person in front, but couldn't. |

動名詞や分詞を用いた表現　　　　　　　　　　　　　　📖 P.216

	見出し語	意味	書きこみ
1132	it is no use *doing*		①
			②
1133	be worth *doing*		①
			②
1134	keep (on) *doing*		①
			②
1135	have difficulty (in) *doing*		①
			②
1136	be busy *doing*		①
			②
1137	cannot help *doing*		①
			②
1138	insist on *doing*		①
			②
1139	end up *doing*		①
			②
1140	think of *doing*		①
			②
1141	Speaking of A		①
			②
1142	Judging from A		①
			②
1143	Weather permitting		①
			②
1144	Generally speaking		①
			②

1132	テストの前日にだけ**勉強しても無駄だ**。	___ ___ _____ _____ _____ only on the previous day of an exam.
1133	新しいテレビドラマは**見る価値がない**。	The new TV drama ___ _____ _____ _____.
1134	私がニュースを見ようとしている間，妹は**話し続けていた**。	My sister _____ _____ _____ while I was trying to watch the news.
1135	祖父はめがねがないと**読むのに苦労する**。	My grandfather _____ _____ _____ without his glasses.
1136	私たちは今文化祭の**準備をするのに忙しい**。	We _____ _____ _____ for the school festival at the moment.
1137	あの映画を見るたびに私は**泣かずにはいられない**。	I _____ _____ _____ every time I watch that movie.
1138	レストランに行くと，上司はいつも全員の分を**払うと言い張る**。	Our boss always _____ _____ _____ for all of us when we go to a restaurant.
1139	バスが遅れたので，私たちは**結局**映画の出だし**を見逃すことになった**。	The bus was late, so we _____ _____ the start of the movie.
1140	私は次の春休みに台湾**を訪ねようと思って**います。	I am _____ ____ _____ Taiwan next spring vacation.
1141	宿題**と言えば**，もう生物のレポートを始めた？	_____ _____ homework, have you started your biology report yet?
1142	なまり**から判断すると**，彼女はおそらくスコットランド出身だ。	_____ _____ her accent, she's probably from Scotland.
1143	**天候が許せば**，日曜日にスキーに行こう。	_____ _____, let's go skiing on Sunday.
1144	**一般的に言うと**，人は毎晩8時間くらい睡眠が必要だ。	_____ _____, people need around eight hours' sleep each night.

エッセイライティングで使える表現 〈例示・言い換え・付加〉　　📖 P.218

	見出し語	意味	書きこみ
1145	for instance		① ②
1146	in other words		① ②
1147	that is (to say)		① ②
1148	what is more		① ②
1149	in particular		① ②

エッセイライティングで使える表現 〈対比〉

	見出し語	意味	書きこみ
1150	on the other hand		① ②
1151	in contrast (to A)		① ②
1152	on the contrary		① ②

エッセイライティングで使える表現 〈要約・帰結〉

	見出し語	意味	書きこみ
1153	in short		① ②
1154	as a result		① ②
1155	for this reason		① ②
1156	in conclusion		① ②

1145	英語は役に立つ。**たとえば**, 海外でコミュニケーションを取る助けになる。	English is useful. _____ _____, it helps us communicate when abroad.
1146	英語は世界中で話されている。**言い換えれば**, 国際語である。	English is spoken all over the world. _____ _____ _____, it is a global language.
1147	今日はサムの13歳の誕生日だ。**つまり**, 彼は今やティーンエイジャーだ。	Today is Sam's 13th birthday. _____ ____, he is now a teenager.
1148	彼は食べ物をほとんど食べてしまった。**そのうえ**, 支払いを申し出なかった。	He ate most of the food. _____ ___ _____, he didn't offer to pay.
1149	私はジュースが大好きだ。**特に**新鮮で冷たいオレンジジュースはおいしい。	I love juice. _____ _____, fresh cold orange juice tastes wonderful.
1150	東京の夏はとても暑い。**その一方で**, 冬はあまり寒くない。	It is very hot in summer in Tokyo. _____ _____ _____ _____, it is not so cold in winter.
1151	雄の鳥は色が鮮やかなことが多い。対照的に, 雌は茶色である。	Male birds are often colorful. _____ _____, the females are brown.
1152	人は妹を内気だと思っている。**それどころか**, 彼女は家では常に話している。	People think my sister is shy. _____ _____ _____ _____, at home she talks all the time.
1153	私は寝坊し, 電車は遅れた。**手短に言うと**, 私は学校に遅刻したのだ。	I overslept, and then the train was delayed. _____ _____, I was late for school.
1154	私の父は1年前に喫煙をやめた。**その結果**, 彼はより健康になった。	My father stopped smoking a year ago. _____ ___ _____, he has become healthier.
1155	私はオペラ歌手になりたい。**これが理由で**, 私は今イタリア語を学んでいる。	I want to be an opera singer. _____ _____ _____, I am learning Italian now.
1156	**結論として**, この調査は喫煙率が減少していることを示している。	_____ _____, this research has shown a reduction in smoking rates.

ワードボックス英単語・熟語【アドバンスト】第2版
学習ノート A ［STAGE 1・2］

英文校閲
Ian C. Stirk
Chris Gladis
Brent Suzuki
Andrew McAllister

装丁デザイン
石出 崇

2023年3月20日　第3刷発行
2022年10月10日　第1刷発行

著　者　美誠社編集部
発行者　谷垣誠也
印刷所　東洋紙業（株）

発行所　有限会社　美誠社

〒603-8113　京都市北区小山西元町37番地
Tel.（075）492-5660（代表）：Fax.（075）492-5674
ホームページ　https://www.biseisha.co.jp

ISBN978-4-8285-3371-1

ワードボックス英単語・熟語【アドバンスト】第2版

学習ノート A ［STAGE 1・2］

9784828533711

ISBN978-4-8285-3371-1
C7082 ¥409E

定価（本体409円＋税）

1927082004094

検印欄 STAGE 1		Unit 1・2	Unit 3・4	Unit 5・6	Unit 7・8	Unit 9・10	Unit 11・12
Unit 13・14	Unit 15・16	Unit 17・18	Unit 19・20	Unit 21	Unit 22	Unit 23	Unit 24
Unit 25	Unit 26・27	Unit 28・29	Unit 30・31	Unit 32・33	Unit 34・35	Unit 36・37	Unit 38・39
Unit 40・41	Unit 42・43	Unit 44・45	Unit 46	Unit 47	Unit 48	Unit 49	Unit 50
検印欄 STAGE 2		Unit 51・52	Unit 53・54	Unit 55・56	Unit 57・58	Unit 59・60	Unit 61・62
Unit 63・64	Unit 65・66	Unit 67・68	Unit 69・70	Unit 71	Unit 72	Unit 73	Unit 74
Unit 75	Unit 76・77	Unit 78・79	Unit 80・81	Unit 82・83	Unit 84・85	Unit 86・87	Unit 88・89
Unit 90・91	Unit 92・93	Unit 94・95	Unit 96	Unit 97	Unit 98	Unit 99	Unit 100

Class　　　　　　　　　Number　　　　　　　　　Name